Merci de ta lettre

Alison M. Wildbore
Drawings by Martina Selway

Contents

	Introduction to the pupil	3	10	Au pair	42
1	Je suis désolée	6	11	L'autostoppeur	47
2	Venez passer la journée chez nous	10	12	Le campeur	51
3	Viens passer le weekend	14	13	Bon anniversaire	54
4	Le concours	18	14	A l'hôpital	59
5	Partons en vacances	22	15	Félicitations	62
6	Souvenirs de vacances	26	16	Je n'ai plus d'argent	66
7	Faisons un échange	30	17	Complaints, bookings and postcards	69
8	Faisons un échange (suite)	34	18	Formal letters and announcements	77
9	L'hôtel et le camping	38			

Hodder & Stoughton
LONDON SYDNEY AUCKLAND

Acknowledgements

The photographs have been supplied by the author.

British Library Cataloguing in Publication Data

Wildbore, Alison M.
   Merci de ta lettre.
   1. French language – Examinations,
      questions, etc.
   I. Title
   448.2'421   PC2112

ISBN 0 7131 0863 0

First published 1983
Fifth impression 1992

© 1983 Alison M. Wildbore

All rights reserved. No part of this publication may be reproduced or transmitted in any form or by any means, electronic or mechanical, including photocopy, recording, or any information storage and retrieval system, without permission in writing from the publisher or under licence from the Copyright Licensing Agency Limited. Further details of such licences (for reprographic reproduction) may be obtained from the Copyright Licensing Agency Limited, of 90 Tottenham Court Road, London, W1P 9HE.

Printed in Great Britain for the educational publishing division of Hodder and Stoughton Ltd, Mill Road, Dunton Green, Sevenoaks, Kent by Thomson Litho Ltd, East Kilbride, Scotland.

Preface

The object of this book is to enable pupils preparing for first-level examinations to write letters dealing with basic everyday topics and situations.

Each chapter has a letter and a reply. Comprehension is tested in French and English, either by straightforward question and answer exercises or by various other means. The *tu* and *vous* forms are both used so that pupils have ample opportunity to become familiar with them. These comprehension tests are followed by suggestions for general conversation on topics raised in the letters – topics which will be useful when the letter-writing stage is reached. Helpful vocabulary is provided after these exercises.

The grammar revision section arising from each chapter makes little attempt to teach the point under discussion. It is simply there for the teacher to use as a *point de départ* for study of useful structures or as a reminder of work done in earlier lessons and now forgotten. The vocabulary revision section is intended to increase the pupil's knowledge of vocabulary and can be used either as a class exercise or for individual study. If these two sections are used regularly, large areas of vocabulary and basic grammatical constructions will be covered on the way to more accurate letter-writing.

Where pupils are instructed to write 'quelques phrases' on any given topic, they should aim to say as much as possible in the most concise way. Each topic could be covered in one long sentence or in several short ones. They could well figure in later letters or the test letters.

The final full-length letters should be correctly laid out with an appropriate beginning and end. (*See Introduction.*) Suggestions for the middle section should not necessarily be followed slavishly. It is hoped that the pupil will find enough ideas to inspire the 100+ words required. The work already done on the earlier sections should enable pupils to express themselves in simple and correct French.

A.M.W.

Introduction to the pupil

All letters can be said to have five parts:
1. is the opening 'Dear So-and-So' part;
2. is the ice-breaker where you make short, polite introductory statements of thanks or apology before getting down to
3. which is the meat of the letter.
4. expresses the hope that your correspondent will reply soon.
5. is the signing off section.

There is a great variety of standard formulae for **1, 2, 4,** and **5**. (Part **3** is up to you!) From the lists below, you should choose the ones which best suit you. Be careful not to opt for a very formal phrase when you are writing to your best friend or your parents. Similarly, beware of putting a familiar ending on a formal letter. For example, it would not be the done thing to finish a letter to the President of France with *Bien à toi* or *Je t'embrasse bien fort*!

1 Beginnings	
Cher Michel, Chère Annick,	Dear Michel, Dear Annick,
Cher ami, Chère amie,	Dear . . .
Mon cher Jacques, Ma chère Paulette,	My dear Jacques, My dear Paulette
Mes chers parents,	My dear Mum and Dad,
Monsieur, Madame, Mademoiselle,	Dear Sir, Madam,
Cher Monsieur, Chère Madame, (not Chère Madame Martin)	Dear Sir, Madam,

2 Apologies and thanks	
Je te remercie de ta dernière lettre	Thank you for your last letter
Merci beaucoup de ta longue lettre	Thank you very much for your long letter
Merci beaucoup de ton cadeau	Thank you very much for your present
J'ai été content(e) d'avoir de tes nouvelles	I was glad to have your news
Merci de ta lettre que j'ai reçue il y a quelques jours	Thank you for your letter which arrived a few days ago
J'ai été heureuse de recevoir ta lettre	I was glad to get your letter
J'ai été heureux d'avoir de tes nouvelles	I was glad to have your news
Ta lettre m'a fait plaisir	I was pleased to receive your letter
J'ai bien reçu ta lettre du 9 mars	Your letter of the 9th of March has duly arrived
Excuse-moi de ne pas avoir écrit plus tôt	I apologise for not having written before
Je m'excuse de ne pas avoir écrit plus tôt	I am sorry I have not written earlier
J'ai le plaisir de . . .	I am glad to . . .
J'ai le regret de . . .	I regret to . . .
Je suis désolé(e) de	I am very sorry/
Je te présente mes excuses	I apologise
Nous accusons réception de votre lettre	We acknowledge receipt of your letter

4 Winding up	
Je te quitte	I must leave you
Je te souhaite bonne chance	I wish you luck
Je te souhaite bon voyage	Have a good journey
Je te souhaite de bonnes vacances	Enjoy your holiday
J'attends ta prochaine lettre avec impatience	I look forward to your next letter
Mes parents t'envoient leurs amitiés	My parents send their greetings
Bonjour de ma part à ta famille	Give my regards to your family
Donne mon bon souvenir à tes parents	Give my best wishes to your parents
Donne-moi de tes nouvelles	Tell me what you have been up to
J'attends tes nouvelles avec impatience	I look forward to hearing from you
Ecris-moi bientôt	Write soon
En attendant le plaisir de te lire	I look forward to hearing from you

Réponds-moi vite	Reply soon
Ma mère te dit bien des choses	My mother sends her best wishes
A bientôt de te lire	I hope to hear from you soon

5 Signing off

Bien à toi	Best wishes
A bientôt	I'll hear from you soon, I hope
Cordialement	Sincerely
Avec mon meilleur souvenir	With best wishes
Ta fille qui t'aime	Your loving daughter, with love
Ton amie qui t'aime	With love
Affectueusement	Affectionately
Très amicalement	With very best wishes
Je t'embrasse bien fort	With much love
Bons baisers	With love
Meilleures amitiés	Sincerely
Toutes mes amitiés	With my best wishes
Amitiés à tout le monde	My regards to everybody
Je vous prie d'agréer mes sentiments les meilleurs	Yours faithfully
Je vous prie d'agréer l'assurance de mes respectueuses salutations	Yours faithfully
Je vous prie de bien vouloir recevoir, Monsieur, l'expression de mes sentiments les plus distingués	Yours faithfully

When writing letters in French, the full address of the sender does not appear on the letter. Put only the town and follow this with the date. Your full address must go on the back of the envelope, preceded by the word exp. (the abbreviated form of the word expéditeur – sender).

In each chapter, there is a section headed 'Vocabulary revision'. You should have a special section of your exercise book in which you write 5, 10 or 15 words for each topic listed. The chapter will give you some ideas but use a dictionary to lengthen your list, then learn these words before you go on to the next chapter. Try to use as many of these words as you can when you get on to the letter-writing exercises. If you revise these lists regularly, you will find that they will help you to write more accurate and more interesting French.

In the later exercises, headed 'Ecrivez quelques phrases' or 'Lettres à écrire', a lot of suggestions are given to help you. Don't feel obliged to take up all the suggestions given; simply choose those which appeal to you and if you have better ideas, use them. But be careful not to use your brilliant ideas if you are in any doubt as to how to express them in good French. Aim to write accurate French, even though the content may seem a bit tame.

Where you are asked to write a few sentences, aim to be brief and to the point. These short sections could well be used again in another letter later on. Try to put as much information as possible into your sentences. Where you write a full-length letter, use what you have learned from the chapter and remember to stick to the five sections mentioned earlier.

1   Je suis désolée

Agen, le 16 mars

Cher Dominique,

Je suis désolée de te prévenir que je ne pourrai pas t'accompagner au concert samedi prochain comme prévu. Je viens de recevoir une lettre de ma cousine américaine qui m'annonce son arrivée à Paris samedi matin. Nous allons la chercher à l'aéroport et elle restera chez nous pendant le weekend avant de passer quelques jours chez des amis à Rouen.

J'espère que tu trouveras quelqu'un pour me remplacer, et que ce sera un bon concert. Je suis sûre que Marie sera libre samedi soir si tu ne trouves personne — elle serait ravie de sortir avec toi!

Je suis vraiment désolée de te faire faux bond mais ma cousine vient si rarement en France, et ça fait si longtemps que je ne l'ai pas vue. Tu me pardonneras, j'espère.

A bientôt,

Claire

Agen, le 18 mars

Chère Claire,

J'ai été désolé de recevoir ta lettre. J'attendais avec tant de plaisir cette soirée avec toi, mais je comprends bien que tu dois t'occuper de ta cousine.

Je ne vais pas demander à Marie de m'accompagner. Si toi, tu ne peux pas venir, je préfère rester chez moi. Il y aura sûrement un film à la télé. A propos, j'ai vu qu'on passe un film très amusant au cinéma la semaine prochaine, et j'espère que tu accepteras de m'accompagner (si tu n'as pas de visites !) Je viendrai te chercher chez toi à 18 h 30 mardi et nous aurons le temps de boire un café avant d'aller au cinéma à 19 h 30.

A bientôt,

Dominique

Vocabulaire pour la première lettre

désolé	very sorry
prévenir	to warn, to tell
accompagner	to go with
comme prévu	as planned
l'arrivée f	arrival
l'aéroport m	airport
passer	to spend
espérer	to hope
quelqu'un	someone
sûr	sure
libre	free
ravi	delighted
vraiment	really
faire faux bond	to let someone down
pardonner	to forgive

Vocabulaire pour la deuxième lettre

recevoir	to receive
attendre	to wait for
tant de	so much
le plaisir	pleasure
s'occuper de	to look after
préférer	to prefer
rester	to stay
sûrement	certainly
à propos	by the way
passer un film	to show a film

A Regardez la lettre de Claire et répondez en français

1 Comment s'appelle son petit-ami?
2 Qu'est-ce qu'ils allaient faire samedi soir?
3 Qui arrivera samedi matin?
4 D'où?
5 Combien de temps cette personne va-t-elle rester?
6 Où va-t-elle ensuite?
7 Pourquoi?
8 Qui pourrait prendre la place de Claire?
9 Pourquoi?
10 Est-ce que Claire est contente de ne pas aller au concert?

B Regardez la lettre de Dominique et répondez en français

1 Est-ce que Dominique était content de recevoir la lettre de Claire?
2 Pourquoi?
3 Que va-t-il faire samedi soir?
4 Où voudrait-il aller samedi prochain?
5 Que feront-ils avant le film?

C Vrai ou faux?

1 La cousine de Claire habite Paris.
2 Elle a écrit samedi matin.
3 Claire va la chercher samedi matin.
4 Dominique veut sortir avec Marie.
5 Dominique ira à 19 h 30 chez Claire.

D Réponds en français
1. Qu'est-ce que tu fais en général le samedi soir?
2. Quelles distractions préfères-tu?
3. Quelle sorte de musique préfères-tu?
4. Quels films aimes-tu?
5. Que préfères-tu à la télé?
6. Qu'est-ce qu'il y a comme distractions près de chez toi?
7. Que fais-tu au club des jeunes?
8. Quels sports pratiques-tu?
9. Quels livres préfères-tu?
10. Quel est ton chanteur favori?

Vocabulaire pour l'exercice D

la distraction	amusement
le rock	rock music
le western	western
le régé	reggae
le night club	night club
la musique pop	pop
le club	club
la guitare	guitar
la musique classique	classical music
la sortie	outing
la séance	sitting, showing
le cabaret	cabaret
le flipper	pinball machine
le jazz	jazz
le film policier	detective film
jouer aux cartes	to play cards

E Grammar revision

This exercise will enable you to use correct French, and will make your letter more interesting. Use the exercise as a stepping stone to a more varied style.

je suis	I am	désolé	sad	de	to	vous voir	see you
j'ai été	I was	ravi	delighted			recevoir ta lettre	get your letter
il a été	he was	content	glad			partir	leave
il est	he is					te parler	talk to you
						recevoir ton cadeau	get your present

Make up as many sentences as you can from the above table
(Check with someone else that they mean what you think they mean!)

Ecrivez en français
1. I am glad to see you.
2. He was heartbroken to receive your letter.
3. I was delighted to see them.
4. He is glad to go away.
5. I am glad to talk to you.
6. I was sad to hear the news.
7. He was glad to receive the record.
8. I am delighted to receive your invitation.
9. I was sorry to leave.
10. He is glad to go to the club.

F Vocabulary revision

Increase your word power by making lists of up to 15 words on the following topics. Put them in the special section of your exercise books.
1. Members of the family
2. Entertainment
3. Musical instruments

G Ecrivez quelques phrases
1. Apologise to someone because you can't go out with him/her. Explain why, for example, illness, homework, shopping, little brother to look after, no money.
2. Tell someone that you no longer want to go to the pictures with him/her. Try to break the news gently but give details of what you intend to do.
3. Say you have received a letter from a pen-friend. Say where and when he or she is arriving and how you intend to spend your time during the visit.

H Lettres à écrire
1. You are Suzanne. Write a letter breaking a date with François.
   a. Say you are sorry that you will not be able to go to the pictures.
   b. Explain that you have to go to visit an aunt who is ill – say what is wrong and what you will have to do while you are there.
   c. Suggest someone to go in your place.
   d. Say why that person would like to go.

2. You are François who has just received the above letter.
   a. Say you were sorry to hear that she was not available.
   b. Say you are sure that Martine will go with you.
   c. Hope that Suzanne will enjoy her stay at her aunt's.
   d. Say you are inviting Martine to a disco and a concert next week.

3. Write a letter to your aunt and uncle.
   a. Say you are sorry that you can't spend the weekend with them.
   b. Say that your elder brother has written to tell you that he is returning from the USA.
   c. Say you have to meet him at the airport – give details of times.
   d. Say you are sorry to let them down.
   e. Say what you hope to do while he is home.
   f. Suggest another date when you could go to stay with your aunt and uncle.

Vocabulaire pour les exercices G et H	
aîné	elder
rendre visite à quelqu'un	to visit someone
malade	ill
le cinéma	pictures
disponible	free
inviter	to invite
malheureusement	unfortunately
excusez-moi	forgive me
je suis obligé de	I have to

2 Venez passer la journée chez nous

Bordeaux, le 10 juillet

Chères Pauline et Michèle,

Qu'est-ce que vous devenez? Nous n'avons pas reçu de vos nouvelles depuis le mois d'avril! Vous n'êtes pas malades, au moins! Vous n'avez pas émigré?

Pouvez-vous venir passer la journée chez nous le 3 août, si vos parents sont d'accord? Nous avons déjà invité Jeanne et Marcel - ce sont nos voisins qui viennent d'arriver à Bordeaux. Ils sont vraiment très gentils mais ils n'ont pas encore beaucoup d'amis ici car ils ont passé leur vie en Algérie où leur père était médecin et leur mère institutrice.

A quelle heure pouvez-vous venir? Venez le plus tôt possible. Si vous voulez, nous pourrons faire un tour en ville ou préférez-vous faire autre chose?

Nos parents vous envoient leurs amitiés,

A bientôt, *Lucette et Joseph*

Arcachon, le 24 juillet

Chers Lucette et Joseph,

Merci de votre lettre. Nous avons un peu honte parce que nous sommes de si mauvaises correspondantes!

Nous serons ravies de venir passer la journée chez vous le 3 août. Nous prendrons le train qui arrive à 10 h 32 et nos parents viendront nous chercher à 9 heures du soir. Ils seront contents de bavarder avec vos parents. Venez nous chercher à la gare si vous pouvez. Nous pourrions faire un tour en ville pour faire du lèche-vitrine. Nous adorons regarder les vêtements dans les grands magasins. Ensuite, allons manger au petit restaurant tunisien où ils font du couscous. Pendant l'après-midi, on pourrait aller au stade.

Nous serons contentes de faire la connaissance de Jeanne et de Marcel - quel âge ont-ils? Qu'est-ce qu'ils aiment faire?

Passez-nous un coup de téléphone pour nous dire si vous serez à la gare.

A bientôt, *Pauline et Michèle*

Vocabulaire pour la première lettre

Qu'est-ce que vous devenez?	What have you been up to?
au moins	at least
la journée	day
être d'accord	to agree
le voisin	neighbour
ils viennent d'arriver	they have just arrived
vraiment	really
passer la vie	to spend one's life
l'institutrice *f*	primary school teacher
le plus tôt possible	as early as possible

Vocabulaire pour la deuxième lettre

avoir honte	to be ashamed
mauvais	bad
bavarder	to chat
faire du lèche-vitrine	to go window-shopping
ensuite	then
le couscous	couscous (dish with meat, vegetables and semolina
le stade	sports complex
faire la connaissance de quelqu'un	to meet someone
passer un coup de téléphone	to phone

A Look at the first letter
1 What two possible reasons are given for Pauline and Michèle's failure to write?
2 How many people will be present on the 3rd August?
3 What do you know about Jeanne and Marcel?
4 What do you know about their parents?
5 How do Lucette and Joseph suggest they spend the day?

B Regardez la deuxième lettre et répondez en français
1 Pourquoi Pauline et Michèle ont-elles honte?
2 Quel jour vont-elles venir?
3 A quelle heure vont-elles arriver?
4 A quelle heure vont-elles partir?
5 Qu'est-ce que les parents vont faire?
6 Où Lucette et Joseph vont-ils chercher leurs amies?
7 Qu'est-ce que Pauline et Michèle veulent faire en ville?
8 Pourquoi préfèrent-elles le restaurant tunisien?
9 Que proposent-elles pour l'après-midi?
10 Est-ce que Lucette et Joseph vont écrire pour confirmer?

C Répondez en français

1. Qu'est-ce que vous aimez faire en ville?
2. Quels sont les avantages d'habiter une grande ville?
3. Est-ce que vous aimeriez habiter un village? Pourquoi/pourquoi pas?
4. Pourquoi les gens veulent-ils habiter à la campagne?
5. Quels moyens de transport existent en ville; à la campagne?
6. Quels magasins préférez-vous?
7. Quelles distractions y a-t-il en ville?
8. Quels restaurants y a-t-il près de chez vous?
9. Décrivez la ville idéale.
10. Décrivez la ville de l'avenir.

Vocabulaire pour l'exercice C

la zone piétonne	pedestrian precinct
la zone industrielle	industrial area
la zone commerçante	shopping area
le sens unique	one way street
le passage souterrain	underpass
le boulevard périphérique	ring road
le transport en commun	public transport
le réseau	network
le HLM	low rent accommodation
l'immeuble *m*	block of flats
le cinéma	pictures
le centre culturel	arts centre
le film	film
le club des jeunes	youth club
le calme	peace, quiet
faire des promenades	to go for walks

D Grammar revision

je viens	*I have just*	de	arriver	*arrived*
il vient	*he has just*	d'	partir	*left*
ils viennent	*they have just*		voir un ami	*seen a friend*
			faire mes devoirs	*done my homework*
			acheter une voiture	*bought a car*

Ecrivez en français

1. I have just seen my friends.
2. They have just bought a house.
3. He has just arrived.
4. She has just caught the train.
5. I have just seen the headmaster.
6. I have just done my homework.
7. He has just played his records.
8. They have just left.
9. I have just bought a piano.
10. They have just had lunch.

E Vocabulary revision

Increase your word power by making lists of up to 15 words on the following topics. Put them in the special section of your exercise books.
1. Jobs
2. Feminine countries
3. Food

F   Ecrivez quelques phrases
1. Apologise for being a bad letter-writer. Find several excuses for your silence, for example, you have been ill, been away, been too busy, had too much homework to do.
2. Give a list of things you would like to do in town when visiting friends.
3. Say how your parents are going to spend their day before picking you up.

G   Lettres à écrire
1. Write a short letter of invitation to two friends for lunch next Saturday. Say how many other people will be present. Describe these people and their background. Suggest a specific time of arrival and say why.
2. Accept the invitation issued in the first letter. Say that you look forward to seeing them and their friends. Say how you will arrive and at what time. Say you have been busy and recount what you have been doing.
3. Write a reply to Pauline and Michèle's letter. Say where you will meet them and what you would like to do in town. Suggest alternative lunch arrangements and explain why this is necessary. Give more details about Jeanne and Michèle and say how they would like to spend the afternoon.
4. You are Pauline. Write to friends saying how you spent your day with Lucette and Joseph. Mention how you travelled, how you spent the morning, where you had lunch, how you spent the afternoon and at what time you left.
5. Write to friends giving an account of a day spent in town. Where was the town? What was it like? When did you go? How did you get there? Whom did you meet? How did you spend the time? What did you buy? What time did you get home?

3 Viens passer le weekend

Les Houches, le 10 avril

Ma chère Valentine,

Ce sera bientôt le premier mai et je serai libre! Pas de travail à mon cher bureau, pas de lettres à taper, pas de patron désagréable! Si tu étais libre, cela me ferait très plaisir de te recevoir chez moi. Puisque le premier mai tombe le vendredi, tu pourrais venir passer le weekend, si tu veux.

Je finis mon travail au bureau jeudi soir donc tu peux venir ce soir-là ou le vendredi matin si tu préfères. Dis-moi quand tu arriveras. J'irai te chercher à la gare.

A bientôt,
Annick

Lyon, le 13 avril

Ma chère Annick,

Quelle bonne surprise de recevoir ta lettre et ton invitation que j'accepte avec plaisir. Moi aussi, je suis libre le 1er mai. Je prendrai donc le train qui arrive à 21 h 30 jeudi soir. Quelle chance de passer le weekend à la montagne! J'adore ton village pittoresque. J'espère que nous pourrons faire des promenades et des pique-niques s'il fait assez beau. Je me souviens de cette excursion que nous avons faite une fois là-haut. C'est le jour où nous avons trouvé toutes ces jolies fleurs - des edelweiss et des gentianes et où nous avons vu tous ces lapins dans un champ.

J'attends le plaisir de te revoir,
Valentine

Vocabulaire pour la première lettre	
bientôt	soon
le bureau	office
libre	free
pas de ...	no ...
le patron	boss
recevoir	(here) to have someone to stay

Vocabulaire pour la deuxième lettre	
la chance	good fortune, luck
faire des promenades	to go for walks
assez	enough
se souvenir de	to remember
le lapin	rabbit
le champ	field

A Regardez la première lettre et répondez en français

1. Où travaille Annick?
2. Pourquoi est-elle contente?
3. C'est quel jour le premier mai?
4. Combien de temps Valentine va-t-elle rester chez Annick?
5. Quand viendra-t-elle?

B Look at the second letter and reply in English

1. How does Valentine react to Annick's letter?
2. When will she arrive?
3. Why is she happy to stay with Annick?
4. What does she hope to do during her stay?
5. What did they see on a previous occasion?

C Réponds en français
1. Quels animaux voit-on à la campagne?
2. Quelles fleurs?
3. Pourquoi va-t-on à la campagne?
4. Décris une région que tu connais.
5. Aimerais-tu habiter à la campagne? Pourquoi/pourquoi pas?
6. Combien de vacances as-tu par an?
7. Et les gens qui travaillent?
8. Où aimerais-tu travailler?
9. Décris le travail idéal.
10. Décris le bureau idéal ou la fabrique idéale.

Vocabulaire pour l'exercice C

près de	near
dans le Devon	in Devon
en Cornouaille	in Cornwall
la colline	hill
la rivière	river
se reposer	to rest
se distraire / s'amuser	to enjoy oneself
la condition	condition
pas trop de	not too much
le collègue	fellow worker

D Grammar revision

si	*if*	j'étais	*I were*			je	passerais les vacances
s'	*if*	tu étais	*you were*	libre	*free*	tu	partirait
		il était	*he were*	riche	*rich*	il	prendrait l'avion
		elle était	*she were*			elle	voyagerais à l'étranger
							ferais des excursions
							resterait

16

Make up sentences from the table on page 16 then invent your own

Ecrivez en français
1. If I were rich, I would buy a yacht.
2. If he were free, he would go to the pictures.
3. If you were tired, you would go to bed.
4. If I were polite, I would open the door.
5. If she were greedy, she would eat a lot of sweets.
6. If I were poor, I would stay at home.
7. If he were ill, he would go to the doctor's.
8. If she were angry, she would scold me.
9. If you were rich, you would travel abroad.
10. If I were free, I would go to the pictures with you.

E Vocabulary revision
Increase your word power by making lists of up to 15 words on the following topics. Put them in the special section of your exercise books.
1. Animals and flowers to be found in the country
2. Seasons and national holidays
3. Places of work

F Ecrivez quelques phrases
1. Say you have got a day off from school. Say what you will miss.
2. Say how you would spend a day off. Use 'si j'étais libre' (see grammar section).
3. On your day off you are going to visit a friend. Give details of when you are free and at what time you hope to arrive.
4. Make a list of things you would like to do while spending several days in the country.
5. Give an account of events which occurred during a previous stay in the country.

G Lettres à écrire
1. Write to a friend, Paul, inviting him to stay for a weekend. Say how many days you have off at Christmas. Say you will be glad to see him and suggest what you could do. Say when you finish school/work and suggest when he should arrive.
2. Reply to the above letter, thanking your friend for his invitation. Tell him when you finish work and at what time you intend to arrive. Give details of your train. Say how you would like to spend the time with him.
3. Write to two friends, inviting them to stay in May when you have a week free. Give details of the dates you suggest. Say how you intend to entertain them. Ask for details of their journey.
4. Write a reply to letter 3. Thank your friend for the invitation which you are glad to accept. Say you will come by bus, giving times. Say you would like to go for walks and picnics or suggest an alternative. Say you look forward to seeing them.

4   Le concours

Toulouse, le 27 avril

Chère Anne-Marie,

    Ça fait longtemps que je ne t'ai pas écrit mais cette fois c'est pour t'inviter à un concours hippique. Comme il est journaliste, mon père reçoit quelquefois des billets gratuits pour des concerts, des conférences ou des matchs. Cette fois, il m'a offert deux billets pour le concours qui se passe le 16 mai. Veux-tu m'accompagner?

    La semaine dernière, mon père allait à une conférence à l'hôtel de ville mais avant d'arriver, il s'est trouvé, à sa grande surprise, au beau milieu d'une manifestation - il y avait des centaines de femmes qui réclamaient une crèche pour leurs enfants. Elles criaient, elles hurlaient, elles lançaient des injures. Tout le monde avait des pancartes - Papa a vu un bébé dont la pancarte portait les mots 'Je veux une crèche', un autre 'Donnez-moi une crèche' et un autre 'Oui à la crèche'. Au bout d'un moment les policiers sont arrivés mais avant de rentrer chez elles, les femmes ont bloqué la route principale en criant ensemble, 'U-ne crè-che, u-ne crè-che'.

    J'espère que notre visite au concours se passera calmement, sans manifestations.

A bientôt, *Bernard*

Toulouse, le 1er mai

Cher Bernard,

    Merci beaucoup de ta lettre que j'ai reçue hier et de ton invitation. Tu sais bien que j'adore les chevaux et je serai ravie de t'accompagner au concours.

Quand j'étais petite, je gagnais tous les prix aux concours. J'avais un cheval noir et blanc et avant d'aller au collège je montais pendant une demi-heure, je le brossais et je lui donnais à manger. Je me rappelle un concours où je voulais gagner le prix mais Noiraud n'était pas en forme - il a refusé de sauter, il a trébuché, j'ai failli tomber, il a pris la mauvaise direction, j'ai perdu ma bombe, il a démoli les obstacles - un vrai désastre!

Maintenant je préfère aller à la chasse et là aussi il y a quelquefois des manifestants.

A bientôt,
Anne-Marie

Vocabulaire pour la première lettre

le concours hippique	equestrian event
gratuit	free
la conférence	lecture
offrir	to give
l'hôtel de ville *m*	town hall
au beau milieu de	right in the middle of
la manifestation	demonstration
la crèche	kindergarten
hurler	to yell
l'injure *f*	insult
la pancarte	banner

Vocabulaire pour la deuxième lettre

brosser	to brush
sauter	to jump
trébucher	to trip
j'ai failli faire	I nearly did
la bombe	helmet
la chasse	hunt
le manifestant	demonstrator

A Regardez la première lettre et répondez en français

1 Pourquoi Bernard écrit-il à Anne-Marie?
2 Qu'est-ce que le père de Bernard lui a donné?
3 Que reçoit le père de Bernard quelquefois?
4 Où allait-il la semaine dernière?
5 Qu'y a-t-il vu?
6 Que réclamaient les femmes?
7 Que faisaient-elles?
8 Que portaient les bébés?
9 Qui est arrivé?
10 Qu'est-ce que les femmes ont fait avant de rentrer?

B Regardez la deuxième lettre et répondez en français
1 Pourquoi Anne-Marie sera-t-elle contente d'aller au concours?
2 Comment était son cheval?
3 Que faisait-elle avant d'aller au collège?
4 Décrivez le concours désastreux.
5 Où va-t-elle maintenant?

C Répondez ou discutez en français
1 Quels vêtements faut-il pour faire de l'équitation?
2 'L'équitation est pour les riches.' Discutez.
3 Il y a cent ans, le cheval était utile. Comment?
4 Est-ce que le cheval est utile de nos jours?
5 Etes-vous pour ou contre la chasse?
6 Quel est le travail d'un journaliste?
7 A quoi servent les manifestations?
8 Pourquoi trouve-t-on des policiers aux manifestations?
9 Comment sont les personnes qui vont à des manifestations?
10 Contre quoi voudriez-vous protester?

Vocabulaire pour l'exercice C	
l'équitation *f*	riding
utile	useful
servir à	to be used for
protester contre	to protest against
prouver	to prove
montrer	to show
la désapprobation	disapproval
améliorer	to improve
le principe	principle
labourer	to plough

D Grammar revision

avant de *before* avant d' *before*	arriver partir faire la vaisselle regarder la télévision	*arriving* *leaving* *doing the washing up* *watching television*	j'ai préparé le repas il a acheté le journal ils ont dit au revoir elle a mangé des sandwichs je vais mettre un anorak	*I prepared the meal* *he bought the paper* *they said goodbye* *she ate some sandwiches* *I'm going to put on an anorak*	

This construction only works if the same person appears in both halves of the sentence. In French, you say 'avant d'arriver, avant de faire, avant de partir'. In English, you either say 'before arriving, before doing, before leaving' or 'before I, he, she, we, they, you arrived, did, left'.

Ecrivez en français
1 Before he arrived, he bought some flowers.
2 Before I left, I had lunch.
3 Before coming home, she bought three records.
4 Before we watch the television, we will do the washing up.
5 Before they go to town, they go to the station.
6 Before I go to a concert, I buy my ticket.
7 Before you do your homework, you must turn off the radio.
8 Before going to Paris, he bought a map.
9 Before I telephoned, I looked for the number.
10 Before she goes away, she will buy some clothes.

E Vocabulary revision
Increase your word power by making lists of up to 15 words on the following topics. Put them in the special section of your exercise books.
1 Buildings to be found in a town
2 Verbs connected with speaking, shouting
3 Verbs of movement

F Ecrivez quelques phrases

1. Describe the care of a horse – feeding, grooming, exercising and riding.
2. Describe the use of horses in the modern world. Who still uses them? Have they got a role in the future? Are they an expensive luxury?
3. Put yourself in the place of a baby at the demonstration described in the first letter. Say what happened and whether the demo was successful.

Vocabulaire pour l'exercice F	
la brosse	brush
le peigne	comb
donner à manger	to feed
l'écurie f	stable
nettoyer	to clean
le foin	hay
frotter	to rub

G Lettres à écrire

1. Write a letter to friends describing a riding event. Where was it? Who did you go with? How many horses were there? What were they like? Describe the riders. Describe one or two events and any attendant disasters
2. Write a letter describing a demonstration, for example, where it was, what sort of people were demonstrating, what they were demonstrating for, what they were wearing and doing. How did it all end?
3. Write a letter describing an anti-hunt demonstration. Say where it was, who was there. Describe the two factions and what they did or said. What was the outcome?
4. Write a letter describing the events shown in the drawings below.

5 Partons en vacances

Bayeux, le 21 avril

Cher Roger,

C'est déjà le mois d'avril et je n'ai pas encore décidé comment je vais passer les grandes vacances cet été. Mes amis se sont très bien amusés l'année dernière à faire de la voile au Maroc. Un séjour de deux mois au Japon m'intéresserait mais je ne parle pas japonais. Des voisins ont trouvé une bonne agence qui organise des croisières très intéressantes aux îles grecques mais je connais déjà la Grèce. Je pourrais peut-être faire un stage de yoga au Tibet!

Mon père avait proposé un séjour en Afrique en safari pour voir les lions et les éléphants mais moi, je n'aime pas les moustiques.

Comme tu vois, mes projets sont un peu flous mais je serais très content si tu pouvais m'accompagner. Si tu as de bonnes idées, dis-les-moi.

Ecris-moi vite car le temps passe,

Amitiés,   Daniel

Caen, le 3 mai

Cher Daniel,

J'étais très touché de recevoir ton invitation à partir en vacances avec toi et j'accepte avec plaisir. L'été dernier mon père est descendu dans un hôtel très chic à Cannes où il y avait plusieurs vedettes de cinéma et un prince arabe. J'avais pensé cette année faire quelque chose de sportif - la plongée sous-marine dans l'océan indien peut-être ou de l'alpinisme dans l'Himalaya. Mais si tu préfères, nous pourrons prendre notre yacht pour faire un tour aux Antilles. Ou plus sérieusement, car mon père ne veut pas me donner beaucoup d'argent, nous pourrions louer une tente pour faire du camping en Bretagne où je connais un bon camping. Nous pourrions même partir en vélo car le voyage en train coûte très cher.

Dis-moi si tu es d'accord. Quand veux-tu partir? Combien de temps peux-tu rester? As-tu une tente, par hasard?

Ecris-moi bientôt,

Bien à toi, Roger

Vocabulaire pour la première lettre	
comment	how
les grandes vacances	summer holidays
faire de la voile	to go sailing
le Maroc	Morocco
le séjour	stay
le Japon	Japan
l'agence f	agency
la croisière	cruise
l'île f	island
la Grèce	Greece
le moustique	mosquito
flou	vague

Vocabulaire pour la deuxième lettre	
descendre dans un hôtel	to stay at a hotel
chic	fashionable
la vedette	star
faire de la plongée sous-marine	to go underwater diving
faire de l'alpinisme	to go climbing
louer	to rent, hire
même	even

A Look at the first letter
Make a list of the places Daniel says he considered going to for his holidays. What reasons did he give for rejecting them?

B Regardez la lettre de Roger et répondez en français
1 Qui est descendu dans l'hôtel à Cannes?
2 Comment était cet hôtel?
3 Qui y était?
4 Qu'est-ce que Roger voulait faire dans l'océan indien?
5 Où voulait-il faire de l'alpinisme?
6 Comment voulait-il aller aux Antilles?
7 Pourquoi faudra-t-il faire du camping?
8 Combien de temps vont-ils rester en Bretagne?
9 Comment vont-ils voyager?
10 Pourquoi?

C   Réponds ou discute en français
1. Quels sports pratiques-tu?
2. Quels sports sont pour tout le monde?
3. Quels sports sont pratiqués par une petite minorité?
4. Les amateurs contre les professionnels dans le sport.
5. Les différents moyens de partir en vacances.
6. A ton avis, quelles sont les vacances de rêve?
7. Préférerais-tu une croisière ou un séjour en club?
8. Quels sont les pays où il y a beaucoup de vacanciers?
9. Pourquoi?
10. Décris des gens remarquables que tu as vus en vacances.

Vocabulaire pour l'exercice C	
gagner de l'argent	to earn money
pour l'amour du sport	for the love of sport
le concurrent	competitor
la concurrence	competition (in general)
le concours	competition (a particular one)
le championnat	championship
mondial	world
l'escrime *f*	fencing
l'équitation *f*	riding
la natation	swimming
le patinage	skating
la gymnastique	gymnastics
le climat	climate
le paysage	countryside
le coût de la vie	cost of living

D   Grammar revision

je connais	ton frère
	ta cousine
tu connais	Paris
il connaît	un bon camping
	la région londonienne
je sais	que	tu es intelligent
tu sais	qu'	il est bête
il sait		elle arrivera à 8 heures
		il sera en retard

Ecrivez en français
1. I know that he is ill.
2. Do you know my brother?
3. I know your sister.
4. He knows that they will arrive at 3 o'clock.
5. You know that I like music.
6. She knows London.
7. He knows that we are always late.
8. I know a famous singer.
9. You already know Switzerland.
10. I know that he likes my sister.

E   Vocabulary revision
Increase your word power by making lists of up to 15 words on the following topics. Put them in the special section of your exercise book.
1. Animals to be found in a zoo
2. Languages
3. Masculine countries and plural countries

F   Ecrivez quelques phrases
1. Say that your friend spent several weeks in Africa. Say which country he or she visited, what he or she saw and did.
2. Make preposterous suggestions for a holiday – use 'on pourrait . . .'.
3. Make sensible suggestions as to how you could spend a holiday.
4. Describe the sports you play.

G Lettres à écrire
1 Describe an exotic holiday that went wrong. Say what you were expecting – super accommodation, luxury travel, magnificent service, great facilities, wonderful entertainment. Describe what you actually found.
2 Write an invitation to a friend to join you on holiday. Say where you went last year. Make a few outrageous suggestions, then a sensible one, giving details of length of stay, dates, travel, cost.
3 Accept the above invitation. Agree to the sensible suggestion but offer further ideas as to how the holiday could be improved. Suggest you go to a hotel you know – describe it, its position and what you did there last year.
4 Imagine you are incredibly rich. Describe an exotic holiday you have just spent. Where did you go? Describe the hotel, how you travelled, how long you stayed, how you spent your time, whom you met, what you wore, what you bought. Remember – you are *very* rich.

6   Souvenirs de vacances

Le Puy, le 13 octobre

Chère Yvonne

Veux-tu venir passer la soirée chez moi pour regarder les photos que j'ai prises pendant les vacances? J'ai invité Vincent et Roger aussi qui seront ravis de te revoir!

On s'est très bien amusés ensemble pendant notre séjour, malgré quelques petits problèmes, n'est-ce pas? Tu te rappelles le serveur qui était si maladroit? Il trébuchait, il versait du café sur les gens, il se cognait contre les tables, il laissait tomber la vaisselle, il oubliait les commandes, il apportait du whiskey pour les enfants et un coca cola pour nos parents. Oh la la! Quel désastre!

Je me souviens aussi des excursions que nous avons faites dans ce vieux car brinquebalant qui avait toujours tant de mal à démarrer et du jour où nous sommes tombés en panne en plein centre de la ville. Que les autres automobilistes klaxonnaient tout autour de nous!

Je serai très contente de te revoir et j'attends ta réponse avec impatience.

A bientôt, j'espère,

Véronique

Le Puy, le 19 octobre

Chère Véronique,

Merci de ta lettre et de ta gentille invitation que je serai heureuse d'accepter. On va sûrement rigoler en regardant tes photos!

Je crois que la chose qui m'a frappée le plus pendant ces vacances-là, ce n'était pas le serveur ni le car mais plutôt les autres vancanciers - ce vieux bonhomme qui portait toujours son béret basque même aux repas, même quand il faisait plus de 40°! La petite Parisienne qui était si élégante avec d'interminables ensembles différents (nous qui portions toujours un jean ou un bikini), le groupe d'Anglais qui réclamaient toujours des plats supplémentaires. Mais à part ces gens un peu eccentriques, beaucoup étaient très gentils et nous avons passé ensemble de très bonnes vacances.

Je suis libre samedi prochain et j'attends avec plaisir ta prochaine lettre.

Amitiés, Yvonne

Vocabulaire pour la première lettre	
malgré	in spite of
se rappeler	to remember
le serveur	waiter
maladroit	clumsy
trébucher	to trip
se cogner	to bump into
la commande	order
se souvenir de	to remember
brinquebalant	rickety
démarrer	to start
tomber en panne	to break down
klaxonner	to hoot one's horn

Vocabulaire pour la deuxième lettre	
rigoler	to laugh, to giggle
frapper	to strike
plutôt	rather
le vacancier	holidaymaker
le bonhomme	chap
interminable	endless
réclamer	to demand
supplémentaire	extra
à part	except for

A   Regardez les lettres et répondez en français

1. A qui écrit Véronique?
2. Pourquoi?
3. Comment s'appellent les garçons qu'elle a invités?
4. Que vont-ils faire pendant la soirée?
5. Comment était le serveur à l'hôtel?
6. Que faisait-il?
7. Quels problèmes ont-ils eus au cours de leurs excursions?
8. Comment était le vieillard?
9. Pourquoi la Parisienne n'était-elle pas comme Véronique et Yvonne?
10. Que faisaient les Anglais?

B Répondez en français
1. Comment avez-vous passé vos vacances l'année dernière?
2. Où aimeriez-vous passer des vacances?
3. Préférez-vous le bord de la mer, la montagne, la campagne, une ville?
4. Préférez-vous un hôtel ou un camping?
5. Qu'est-ce que vous photographiez en vacances?
6. Quels souvenirs avez-vous achetés?
7. Que porte-t-on en vacances?
8. Pourquoi les vacances sont-elles nécessaires?
9. Décrivez un bon hôtel.
10. Décrivez un mauvais hôtel.

Vocabulaire pour l'exercice B

à l'hôtel	in a hotel
faire du ski	to go skiing
à l'étranger	abroad
faire le tour du monde	to go round the world
faire de la voile	to go sailing
faire de l'équitation	to go riding
en Espagne	in Spain
en Allemagne	in Germany
faire des randonnées pédestres	to go hiking
faire de l'alpinisme	to go climbing
faire un stage	to go on a course

C Grammar revision

les photos	the photos			j'ai prises	I took
les excursions	the trips			j'ai faites	I made
les problèmes	the problems	que	that	ils ont eus	they had
les garçons	the boys	qu'	that	j'ai invités	I invited
la vue	the view			j'ai décrite	I described
la robe	the dress			elle a portée	she wore

Ecrivez en français
1. the photos I saw
2. the town I visited
3. the boys I met
4. the trip I made
5. the extra dishes they asked for
6. the steaks we ate
7. the hotels I have described
8. the dresses I bought
9. the letters she wrote
10. the homework I did

Now invent five more similar sentences of your own

D Vocabulary revision
Increase your word power by making list of up to 15 words on the following topics. Put them in the special section of your exercise books.
1. Ladies' clothes
2. Hotels – personnel
3. Amusing characteristics in people

E Ecrivez quelques phrases
1. un hôtel que tu as vu
2. une excursion
3. les personnes que tu as rencontrées en vacances
4. une journée pendant les vacances
5. un hôtel de grand luxe

F Lettres à écrire
1. Write to people you have met on holiday.
   a. Say you have got your photos back.
   b. Invite them to come on Friday.
   c. Say you remember the hotel. Describe it.
   d. Say what problems you encountered.
   e. Say whether you enjoyed yourself or not.
2. Reply to letter 1.
   a. Say that your photos have not yet been developed.
   b. Accept their invitation.
   c. Say you look forward to chatting and looking at slides.
   d. Add details of what happened during the holidays – describe one incident in detail

3 Write from your holiday hotel to your friends at home.
   a Say you are enjoying yourself.
   b Say the weather is good.
   c Describe your hotel room.
   d Mention that there are some snags – outline them.
   e Describe what trips you have made.
4 Write home from your holidays.
   a Say you are glad to be on holiday.
   b Say you have taken lots of photos – give details.
   c Say you have met some interesting people – describe them.
   d Say you are not looking forward to returning – say why.

Vocabulaire pour les exercices E et F

donner sur	to look out on to
un hôtel de très grand confort	a 4 star hotel
le tarif	rate
la climatisation	air conditioning
le prix moyen	moderate price
le cadre exceptionnel	superb setting
la diapositive/diapo	slide
la vue panoramique	all round view
le repas	meal
au cours des vacances	during the holidays
en arrivant à l'hôtel	on arriving at the hotel
faire des photos	to take photos
bavarder	to chat
développer	to develop

7 Faisons un échange

Sevenoaks, le 3 avril

Chers Monsieur et Madame,

Notre voisine (qui a écrit cette lettre pour nous parce que nous ne parlons pas un mot de français) nous a donné votre nom en disant que vous aviez une fille qui voulait faire un échange avec une jeune Anglaise de 15 ou 16 ans.

Notre fille, Sarah, qui a 16 ans, aime beaucoup le français et serait ravie de faire un échange. Elle est assez grande et mince. Elle a les cheveux blonds et les yeux bleus. Elle aime faire des tas de choses, en particulier passer ses disques et elle écoute sans arrêt son transistor. Elle a deux frères - l'aîné, Michael, a vingt ans. Il est grand, il a les cheveux bruns et en ce moment il travaille dans une banque à Glasgow. Le cadet, Ben, est toujours au collège, en troisième. Il est petit, il a les cheveux roux.

Nous avons une assez grande maison pas loin du centre de la ville.

Nous vous prions de bien vouloir recevoir l'assurance de nos sentiments les meilleurs,

Anne Wilkinson

Vocabulaire pour la première lettre

le voisin, la voisine	neighbour
le nom	name
faire un échange	to go on an exchange
mince	slim
un tas de	lots of
l'activité *f*	activity
sans arrêt	constantly
aîné	elder
cadet	younger
roux	red (of hair)

A Regardez la première lettre et répondez en français

1. Qui écrit la lettre pour Mrs. Wilkinson?
2. Pourquoi?
3. Comment est Sarah?
4. Comment passe-t-elle son temps?
5. Combien de frères a-t-elle?
6. Comment est Michael?
7. Où travaille-t-il?
8. Comment est le petit frère de Sarah?
9. Où travaille-t-il?
10. Où habitent-ils?

Chartres, le 12 avril

Chers Monsieur et Madame,

      Merci beaucoup de votre lettre reçue la semaine dernière. Notre fille, Marianne, se réjouit déjà de son séjour en Angleterre et va joindre un petit mot pour Sarah.

      Marianne a 15 ans. Elle est assez studieuse et un peu réservée. Elle aime beaucoup la lecture et tous les sports. Au lycée, elle aime l'histoire, la géographie et le dessin mais elle déteste les maths. Elle aime beaucoup la musique classique et moderne. Elle étudie l'anglais depuis cinq ans. Elle se débrouille assez bien mais elle n'ose pas parler car son professeur dit qu'elle a un accent affreux!

      Marianne a deux sœurs qui sont plus âgées qu'elle et un frère cadet. Elle attend avec impatience son séjour chez vous et vous seriez très aimables de m'indiquer les dates qui vous conviendraient.

      Nous vous prions de bien vouloir recevoir l'assurance de nos sentiments les meilleurs,

Paule Bonnet

Vocabulaire pour la deuxième lettre	
se réjouir	to look forward to
joindre	to include
studieux	studious
réservé	shy
la lecture	reading
étudier	to study
se débrouiller	to cope
affreux	awful
aimable	kind
indiquer	to indicate, point out
convenir	to suit

B Look at the second letter and answer in English

1. What is Marianne like?
2. What does she like outside school?
3. What are her favourite subjects?
4. What is her teacher's opinion of her English?
5. How many children are there in the Bonnet family?

Sevenoaks, le 22 avril

Chère Madame,

Merci beaucoup de votre lettre et des photos que vous avez envoyées. Je crois que nos filles vont bien s'entendre.

Nous serons contents de recevoir Marianne au mois d'août pendant les vacances scolaires. Nous avons loué un appartement au bord de la mer du 2 au 9 août. Puisque nous habitons près de Londres, nous irons la chercher à la gare ou à l'aéroport. Voulez-vous nous dire comment elle va voyager et l'heure de son arrivée à Londres. Dites-nous aussi quand elle pense partir. Elle peut rester trois semaines, même quatre si vous voulez.

Pendant son séjour nous allons visiter Londres et la côte du Devon.

Je vous prie de bien vouloir recevoir l'assurance de mes sentiments les meilleurs,

Anne Wilkinson

Vocabulaire pour la troisième lettre

s'entendre	to get on
l'appartement *m*	flat
puisque	as, since
l'aéroport *m*	airport
voyager	to travel

C Regardez la troisième lettre et corrigez les phrases suivantes

1. Les Wilkinson n'ont pas reçu les photos.
2. Marianne viendra avant les vacances scolaires.
3. Les Wilkinson habitent un appartement loin de Londres.
4. Marianne va rester trois mois.
5. Ils vont visiter la Côte d'Azur.

D Réponds en français

1. Combien de personnes y a-t-il dans ta famille?
2. Quelles sont ces personnes?
3. A ton avis, quelle est la famille idéale?
4. Décris les membres de ta famille.
5. Où travaillent-ils?
6. Quelles matières préfères-tu au collège?
7. Quelles matières détestes-tu?
8. Décris le collège ou le lycée de tes rêves.
9. Décris le professeur idéal.
10. A quel âge devrait-on quitter le collège?

Vocabulaire pour l'exercice D

le membre	member
en harmonie	harmoniously
se disputer	to quarrel
la dispute	quarrel
aider	to help
garder	to look after
vieux, vieille	old
jeune	young
la matière	school subject
préparer un examen	to do a course leading up to an exam
compréhensif	understanding
patient	patient
le collège	school with pupils up to 16 years
le lycée	school with pupils up to 18 years

E Grammar revision

dis la vérité	*tell the truth*	dis-la	*tell it*
dites le mot	*say the word*	dites-le	*say it*
dis-moi ton idée	*tell me your idea*	dis-la-moi	*tell me it*
dites-moi la vérité	*tell me the truth*	dites-la-moi	*tell me it*

dis-moi	*tell me*	si tu viens	*if you are coming*
dis-lui	*tell him/her*	si tu veux partir	*if you want to leave*
dis-nous	*tell us*	si tu aimes le sport	*if you like sport*

dites-moi	*tell me*	si vous voulez venir	*if you want to come*
dites-lui	*tell him/her*	quand vous arriverez	*when you will arrive*
dites-nous	*tell us*	à quelle heure vous partez	*what time you are leaving*

Ecrivez en français
1. Tell me the truth
2. Tell him the truth.
3. Tell me if you are hungry.
4. Tell me if you are cold.
5. Tell us when you are ready.
6. Tell us the time.
7. Tell me your ideas.
8. Tell him that you are rich.

Shorten the next two sentences using pronouns
1. Dites-moi les mots.
2. Dis-nous le numéro de téléphone.

F Vocabulary revision
Increase your word power by making lists of up to 15 words on the following topics. Put them in the special section of your exercise books.
1. Adjectives to describe people
2. School subjects
3. Buildings people live in

G Ecrivez quelques phrases
1. Explain that you are writing to arrange an exchange for a 14 year old boy or girl. Who gave you the address and name of the people you are writing to? Why are you writing in French and not English?
2. Write a letter introducing yourself – describe what you look like, for example, eyes, hair, age, height.
3. Describe your family, for example, parents, grandparents, brothers, sisters, cousins.
4. Describe someone, mentioning his or her likes and dislikes, and whether the person is at work or at school.
5. Ask for details of a proposed stay – date and time of arrival, length of stay and date of departure.

H Lettres à écrire
1. Write to a new penfriend, saying that you don't speak French very well. Introduce yourself, giving your name, age, the colour of your hair and eyes, what you look like, what you like doing or dislike doing. Talk about your family and pets.
2. Write the letter that Marianne might have written to Sarah. Say that you are looking forward to seeing her. Describe yourself, your family and say what your likes and dislikes are.
3. Write to someone who is coming to stay with you for the holidays. Say you look forward to seeing him/her. Say how long you will have together and give the dates of a week you will spend at the seaside during the visit. Ask what day and time he/she will arrive. Suggest that you will meet him/her at the station if he/she gives you details of time and place of arrival.

8 Faisons un échange (suite)

Chartres, le 17 juillet

Chère Madame,

Que Marianne va être contente de visiter Londres! Elle veut voir les pigeons à Trafalgar Square et le marché à Portobello Road.

Je me suis renseignée pour l'horaire de son voyage. Elle prendra le ferry à Calais. A Douvres, elle aura le train qui arrive à 20 h 30 à la gare Victoria le 26 juillet. Elle portera un grand anorak bleu, un chemisier rouge, un pull blanc et un blue jean. Sa valise est jaune avec un grand carré noir, au milieu duquel elle a peint un grand 'M' en rouge - vous n'aurez pas de mal à la reconnaître, je pense! En tout cas, elle a votre nom, votre adresse et votre numéro de téléphone.

Je vous prie de bien vouloir recevoir l'assurance de mes sentiments les meilleurs,

Paule Bonnet

Sevenoaks, le 27 juillet

Chers Papa et Maman,

Je suis bien arrivée à la gare Victoria où les Wilkinson m'attendaient. J'ai tout de suite reconnu Sarah à sa photo. Le voyage s'est très bien passé, la mer était calme et le train est arrivé à l'heure. En route, j'ai bavardé en anglais avec une famille anglaise.

Les Wilkinson m'ont raccompagnée chez eux en voiture. Leur maison est très agréable - j'ai la chambre de Michael où il y a une chaise, un lit, une commode et une armoire. Les rideaux et le tapis sont bleus, l'armoire est blanche et Michael a posé plusieurs posters aux murs. Il a une belle chaîne stéréo.

Je trouve que les repas anglais sont bizarres ! Leurs petits pois sont énormes et très verts, ils mettent une sauce jaune sur tous leurs puddings et ils boivent trente-six tasses de thé par jour, même avant de se coucher !

Je vous embrasse très fort,

Marianne

Chartres, le 18 août

Chers Monsieur et Madame,

Marianne a fait un bon voyage de retour et elle parle constamment de Londres, du bord de la mer et des excursions qu'elle a faites. Elle s'est vraiment très bien amusée et j'ai l'impression qu'elle a fait beaucoup de progrès en anglais. Je crois que son professeur va être content.

Nous vous remercions très vivement de l'avoir si gentiment reçue. Nous espérons que l'année prochaine nous aurons l'occasion de faire la connaissance de Sarah et de lui faire visiter la région que nous habitons qui est très jolie.

Nous vous prions de bien vouloir recevoir l'expression de nos sentiments les meilleurs,

Paule Bonnet

Vocabulaire pour la première lettre

se renseigner	to find out about
l'horaire *m*	train timetable
le carré	square
peindre	to paint
reconnaître	to recognise
en tout cas	in any case

Vocabulaire pour la deuxième lettre

tout de suite	straight away
se passer	(here) to go
bavarder	to chat
la commode	chest of drawers
bizarre	odd

Vocabulaire pour la troisième lettre

le voyage de retour	return journey
remercier	to thank

A Regardez la première lettre de Madame Bonnet et répondez en français

1. Qu'est-ce que Marianne veut voir à Londres?
2. D'où va-t-elle partir?
3. Comment va-t-elle voyager entre Calais et Douvres?
4. Est-ce qu'elle prendra le bus entre Douvres et Londres?
5. A quelle heure arrivera-t-elle à Londres?
6. De quelle couleur est son anorak?
7. Quels autres vêtements portera-t-elle?
8. Comment est sa valise?
9. Qu'est-ce que Marianne a peint là-dessus?
10. Que ferait Marianne si les Wilkinson n'étaient pas à la gare?

B Regardez la lettre de Marianne et répondez en français

1. Comment le voyage s'est-il passé?
2. Qu'a-t-elle fait pendant le voyage?
3. Comment sont-ils arrivés chez les Wilkinson?
4. Comment est sa chambre?
5. Pourquoi trouve-t-elle que les repas sont bizarres?
6.
7. Quelles sont les différences entre les maisons françaises et les maisons anglaises?
8. Quelles sont les différences entre le petit déjeuner anglais et français?
9. Nommez quelques plats français.
10. Préparez un menu pour un repas français et pour un repas anglais.

C Répondez ou discutez

1. Que portez-vous à l'école?
2. Quels sont les avantages d'un uniforme scolaire? Et les inconvénients?
3. Quelle est la mode en ce moment?
4. Que portent les jeunes? Et leurs parents?
5. Décrivez votre chambre.
6. Imaginez que vous avez assez d'argent pour refaire votre maison – les meubles, la peinture, le décor. Comment sera-t-elle à la fin des travaux?

Vocabulaire pour l'exercice C	
laid	ugly
chic	fashionable, elegant
à la mode	in fashion
démodé	out of fashion
obligé de	forced to
froissé	creased
la couleur	colour
foncé	dark
clair	light
peindre	to paint
tapisser	to wallpaper
carreler	to lay tiles
jeter	to throw out
le volet	shutter
la cuisine	cooking

D Grammar revision

Time

il est	it is	midi/minuit et demi	half past twelve
à	at	trois heures et demie	half past three
		deux heures et quart	quarter past two
		une heure moins le quart	quarter to one
		neuf heures dix	ten past nine
		six heures moins cinq	five to six

Ecrivez en français
1. It is 12.30.
2. It is 01.45.
3. At 09.36.
4. At 23.25.
5. At 20.30.
6. It is 00.15.
7. It is 10.30.
8. At 08.27.
9. It is 21.19.
10. At 17.00.

E Vocabulary revision
Increase your word power by making lists of up to 15 words on the following topics. Put them in the special section of your exercise books.
1. Men's clothes
2. Furniture and fittings
3. Rooms
4. Meals

F Ecrivez quelques phrases
1. Describe an imaginary train journey from London to Paris via Dover and Calais. Give details of the timetable for each section.
2. Describe how you spent a journey, for example, reading, playing cards, talking to people in the compartment, the view from the window, meals.
3. Describe a visit to a market, for example, the people, the place, the objects on sale, what you bought, how much you paid.
4. Describe a typical English meal. Say how you prepare some of the dishes.

G Lettres à écrire
1. John O'Groats-Edinburgh-London-Paris-Rome. Imagine that you have just completed this itinerary. Write a letter describing the journey. How did you travel? What happened at each stop? What were the times of your train/bus/plane/ferry? Make the timetable realistic.
2. Write to someone you have never met before, but hope to visit, saying that you look forward to seeing them. Say when and how you will arrive. Describe what you will be wearing and what you look like. How will they recognise you?
3. Write home to announce your safe arrival after a journey. Say briefly how you spent the journey. Describe the house you are staying in. Say what you like about the house and the family.
4. Write a letter to your hosts thanking them for your stay. Say that you had a good journey. Say that you enjoyed yourself. Say what you liked, for example, trips, meals, visits. Say that you look forward to seeing them again and say what you could do together.

9 L'hôtel et le camping

① Bradford, le 17 mai

Monsieur,

Je dois bientôt passer des vacances dans la vallée de la Loire. Pourriez-vous m'envoyer des dépliants sur la région, une liste de terrains de camping et des renseignements sur les activités pour le mois de juillet.

Veuillez recevoir, Monsieur, l'expression de mes sentiments distingués.

F Martin

② Tours, le 27 mai

Monsieur,

Veuillez trouver ci-joints les dépliants que vous avez demandés dans votre lettre du 17.

Veuillez recevoir, Monsieur, mes salutations distinguées.

M Richemont

③ Bradford, le 3 juin

Monsieur,

Nous voulons passer deux semaines dans la vallée de la Loire avec notre caravane du 1er au 14 juillet. Il nous faudrait un emplacement tranquille mais pas trop loin du bloc central si possible.

Je vous prie, Monsieur, de recevoir l'expression de mes meilleurs sentiments.

F Martin

④ Orléans, le 14 juin

Monsieur,

J'ai le plaisir de vous dire que je vous ai réservé un emplacement du 1er au 14 juillet mais malheureusement, l'emplacement n'est pas très central. L'avantage cependant, c'est que vous aurez une vue superbe sur la vallée et les collines.

Veuillez agréer, Monsieur, l'expression de mes sentiments distingués.

G Vallès

Vocabulaire pour la première lettre
le terrain de camping — camping ground, camp site
les renseignements — information
le dépliant — leaflet

Vocabulaire pour la troisième lettre
l'emplacement *m* — lot, caravan space

A Regardez les quatre lettres et répondez en français

1 Où Monsieur Martin veut-il passer ses vacances?
2 Que demande-t-il au syndicat d'initiative?
3 Que reçoit-il?
4 Quand veut-il-partir?
5 Comment veut-il voyager?
6 Où veut-il son emplacement?
7 Où sera son emplacement?
8 Quel est l'inconvénient?
9 Quel est l'avantage?
10 Que verra-t-il de sa caravane?

5 Dijon, le 10 juillet

Monsieur,

A la suite de notre conversation téléphonique hier, je voudrais confirmer que je prendrai la chambre à deux lits avec cabinet de toilette que vous m'avez proposée, du 6 au 24 août.

Veuillez agréer, Monsieur, l'expression de mes sentiments distingués.

Alain Hamard
Alain Hamard

---

6 York, le 20 mars

Monsieur ou Madame,

Nous comptons passer deux semaines à Cannes au mois d'août. Il nous faudrait une chambre à un grand lit avec lavabo et douche et une chambre à deux lits pour les enfants. Pourriez-vous nous indiquer votre tarif demi-pension pour ces chambres. Nous voudrions venir du 2 au 15 août mais la période du 9 au 22 serait possible si l'hôtel était complet du 2 au 15.

En attendant votre réponse, je vous prie de recevoir l'expression de mes sentiments les plus distingués.

Harriet Arnold
Harriet Arnold

---

7 Cannes, le 29 mars

Madame,

Nous accusons reception de votre lettre du 20 mars.

Nous vous informons que nous avons deux chambres libres du 2 au 15 août – l'une au 2e étage, très grande et très calme avec vue sur la mer, est à 180 francs par jour, demi-pension. L'autre chambre, plus petite et sans douche, est aussi au 2e étage, mais elle donne sur la cour de l'hôtel. Elle vaut 150 francs par jour.

En attendant votre réponse, nous allons vous réserver ces deux chambres du 2 au 15.

Nous vous prions de recevoir nos sentiments les plus distingués.

Denis Boulanger
Denis Boulanger

---

8 York, le 30 juin

Monsieur,

Au mois de mars, nous avons réservé deux chambres dans votre hôtel du 2 au 15 août. Nous regrettons beaucoup de nous trouver dans l'impossibilité de venir à Cannes à cette époque et vous prions d'annuler la réservation.

Veuillez agréer, Monsieur, l'expression de nos sentiments distingués.

Harriet Arnold
Harriet Arnold

Vocabulaire pour la sixième lettre

compter	to expect
le tarif demi-pension	rates for half board
complet	full

Vocabulaire pour la septième lettre
au 2e étage — on the second floor
donner sur — to look out on to
elle vaut — it costs, it is worth

Vocabulaire pour la huitième lettre
se trouver dans l'impossibilité de — to be unable to
l'époque *f* — time, period
annuler — to cancel

B Look at the Arnold letters and answer the questions in English
1 What resort are the Arnolds going to?
2 What sort of room do the parents want for themselves?
3 What sort of room do they require for the children?
4 Do they want full board?
5 Why do they suggest alternative dates?
6 Where will the parents' room be in the hotel?
7 What will it be like?
8 Where will the children's room be?
9 What will it be like?
10 Why does Madame Arnold cancel?

C Répondez ou discutez en français
1. Préférez-vous l'hôtel ou le camping?
2. Quels sont les avantages des deux?
3. Quels renseignements cherche-t-on avant de partir en vacances?
4. Décrivez le camping idéal.
5. Décrivez l'hôtel idéal.

Vocabulaire pour l'exercice C	
ombragé	shady
bien aménagé	well planned, laid out
bien entretenu	well kept
bruyant	noisy
luxueux	luxurious
moins cher	cheaper
central	central
bien équipé	well equipped
le personnel	staff
libre	free

D Grammar revision
Dates
There are four things to remember:
a no capital letters
b only three months have an accent – février, août, décembre
c use premier for 1st but the ordinary numbers for all the rest, e.g. le 4 août
d on the = le

Ecrivez en français
1. 3rd March
2. 27th November
3. 15th February
4. 1st June
5. 4th August
6. 9th July
7. 23rd December
8. 16th September
9. 19th October
10. 28th April

E Vocabulary revision
Increase your word power by making lists of up to 15 words on the following topics. Put them in the special section of your exercise books.
1. Camping equipment
2. Geographical features
3. Furniture not mentioned in Chapter 8
4. Regions of France

F Ecrivez quelques phrases
1. In a letter to an information office, say what area or town you hope to visit and what particular information you want.
2. In a letter to an information office, ask for leaflets on a particular region, ask what hotels and campsites there are.
3. In a letter to an information office, ask for details of sports, cinemas, concerts and other entertainment.
4. Cancel the holiday you booked earlier in the year.

G Lettres à écrire
1. Write to a travel agent asking for details of two sorts of holiday: a) on la côte Atlantique – you want leaflets of the area, price lists for hotels, details of sporting holidays and beach resorts; b) on la côte d'Azur – you want leaflets about seaside holidays, campsites, facilities for hiking, countryside activities, prices of campsites.
2. Write to the manager of the municipal campsite at St. Brieuc. Say you want to spend two weeks in Brittany. Give possible dates. Ask whether they have room. Say what accommodation you require.
3. Write a letter to friends from your caravan site. Describe where it is, what amenities there are, what is good about it, what the snags are, what the manager is like, what the neighbours are like.
4. Write a letter booking a three-week holiday (give dates) at a hotel in Biarritz. Say what room or rooms you want and what facilities you require. State where the rooms should be. Do you want half or full board? Inquire about prices.
5. Write a letter to a hotel making preliminary enquiries. Say what rooms you require. Ask for prices of the various categories of accommodation. Give an ideal date and alternative dates.

10 Au pair

Urgent. Famille suisse habitant Genève cherche jeune fille sérieuse pour garder 2 enfants âgés de 7 et 5 ans, du 1er juillet à la fin septembre. Belle maison, salaire intéressant, temps libre. Envoyer lettre manuscrite et références B.P. 87

Londres, le 2 mai

Chers Monsieur et Madame,

J'ai lu votre annonce dans le journal d'hier. Je suis anglaise, mais ma mère est française. J'ai 19 ans. Actuellement j'étudie la médecine à la Faculté, mais je veux aussi étudier le français. Je serais très contente alors de travailler à Genève. J'ai deux petites sœurs et j'ai souvent gardé les enfants des voisins. J'aime beaucoup les enfants et je serai peut-être pédiatre. Je serai libre pendant tout l'été mais je voudrais des renseignements supplémentaires. Combien d'heures faudrait-il travailler par jour ? Quel travail exactement faudrait-il faire ? Combien de temps libre aurais-je par semaine ? Quel est le salaire ? Comment serais-je logée ?

J'attends votre lettre avec impatience. Je joins une photo et des références, et je vous prie de croire à l'expression de mes sentiments respectueux.

Lilian Morton

Genève, le 17 mai

Chère Mademoiselle,

Je vous remercie de votre lettre à la suite de notre offre d'emploi. J'ai bien regardé vos références et nous serons très heureux de vous offrir le poste. Vous commencerez le 1er juillet. Vous recevrez 70 francs par semaine.

Vous aurez un petit appartement au deuxième étage avec salle d'eau. Quand vous serez chez nous vous garderez les enfants de 9 h à 5 h et un soir de temps en temps. Il faudrait aussi faire un peu de ménage, de vaisselle, de lessive et de repassage mais l'essentiel est d'occuper et d'amuser les enfants qui sont pleins d'énergie. Ils sont quelquefois un peu bruyants mais gentils et affectueux. Au mois d'août, nous partons à la montagne – vous nous accompagnerez, bien sûr.

Je vous prie de recevoir, Mademoiselle, l'expression de mes meilleurs sentiments.

Germaine Bosquier

Genève, le 11 juillet

Chère Maman,

Je suis sûre que je fais des progrès en français chez les Bosquier mais mon séjour n'est pas très reposant!

Je pensais qu'il y aurait deux enfants, mais juste après mon arrivée, deux petits cousins sont venus passer une semaine ici. Je pensais aussi que j'aurais du temps libre pour aller me promener en ville ou à la piscine, mais Madame Bosquier me demande tous les jours d'acheter les provisions pour les repas. En principe, c'est elle qui les prépare mais le plus souvent c'est moi qui fais la cuisine pour tout le monde. Et après, il y a la vaisselle, car les machines modernes sont en panne – même la machine à laver, donc c'est moi qui fais la lessive pour la famille.

Mais il y a quand même un bon moment dans la journée. Madame Bosquier, qui est énorme, adore les pâtisseries et tous les jours nous allons à la pâtisserie pour choisir un éclair ou une tartelette. Le seul inconvénient, c'est que j'ai grossi! Quand je rentrerai, je suivrai un régime.

Ta fille qui t'aime,

Lilian

Vocabulaire pour la première lettre	
sérieux	hard-working
garder	to look after
intéressant	interesting, (here) high
la lettre manuscrite	hand-written letter
l'annonce *f*	advert
hier	yesterday
actuellement	at the moment
le pédiatre	children's doctor
les renseignements	information
supplémentaire	extra

Vocabulaire pour la deuxième lettre	
à la suite de	as a result of
l'offre d'emploi *m*	job offer
la salle d'eau	shower room
sauf	except
faire le ménage	to do the housework
faire la vaisselle	to do the washing up
faire la lessive	to do the washing
faire le repassage	to do the ironing
bruyant	noisy
affectueux	affectionate

Vocabulaire pour la troisième lettre	
faire des progrès	to make progress
le séjour	stay
la matinée	morning
la journée	day
la piscine	swimming pool
en principe	in theory
faire la cuisine	to do the cooking
être en panne	to have broken down
quand même	nevertheless
l'inconvénient *m*	snag
grossir	to put on weight

A   Regardez l'annonce et répondez en français
1   Combien d'enfants y a-t-il dans la famille?
2   Où habitent-ils?
3   Quel âge ont-ils?
4   Combien de temps la jeune fille va-t-elle rester à Genève?
5   Où va-t-elle habiter?

B   Look at the advertisement and Lilian's reply.
Copy the form into your books and fill in the information

Nom –
Domicile –
Frères –
Sœurs –
Age –
Nationalité –
Travail actuel –
Travail à l'avenir –
Date d'arrivée à Genève –
Date de départ –

C   Look at Lilian's first letter and make a list of the information she requires

D   Regardez la lettre de Madame Bosquier et répondez en français
1   Quand est-ce que Lilian doit commencer?
2   Où sera-t-elle logée?
3   Quel travail faudra-t-il faire?
4   Comment sont les enfants?
5   Où vont-ils au mois d'août?

E   Regardez la deuxième lettre de Lilian et corrigez les phrases
1   Il y avait deux enfants.
2   Les cousins sont restés un mois.
3   Elle va à la piscine le matin.
4   Ils ont une machine pour la vaisselle qui marche bien.
5   Madame Bosquier est maigre.

F   Réponds en français
1   As-tu un job?
2   Que fais-tu?
3   Combien gagnes-tu?
4   Que font tes amis pour gagner de l'argent?
5   Comment dépenses-tu l'argent?
6   Que fait une personne qui travaille au pair?
7   Pourquoi est-ce quelquefois un travail difficile?
8   Quel travail voudrais-tu faire à l'avenir?
9   Quel travail veux-tu éviter à tout prix?
10 Décris le travail idéal.

Vocabulaire pour l'exercice F	
le grand magasin	store
la caisse	cashdesk
le/la babysitter	babysitter

faire du babysitting	to babysit
le rayon	shelf
dépenser	to spend
faire des économies	to save
faire des voyages	to travel
à l'étranger	abroad
6 heures par jour	6 hours a day
jardiner	to garden
laver la voiture	to clean the car
éviter	to avoid

G Grammar revision

a

quand	when	je serai tu seras il sera elle sera	I am you are he is she is	prêt(e) plus âgé(e)	ready older	je partirai je ferai des voyages tu feras les courses tu iras à la faculté il ira au stade elle achètera une moto	I will leave I will travel you will do the shopping you will go to university he will go to the stadium she will buy a motorbike

Ecrivez en français
1. When I am older, I will go to France.
2. When I am in Paris, I will visit the Eiffel Tower.
3. When he is ready, he will go to the disco.
4. When you are older, you will work abroad.
5. When she is ill, she will stay at home.

b

Il faudrait arriver à 6 heures.	*You would have to arrive at 6 o'clock.*
Il faudrait faire le ménage.	*You would have to do the housework.*
Faudrait-il préparer les repas?	*Would I have to prepare the meals?*

In French *il* cannot be changed, even though in English we use I, he, she, we etc.

Ecrivez en français
1. I should have to do the housework.
2. He would have to clean the car.
3. They would have to write a letter.
4. You would have to arrive at six o'clock.
5. I should have to prepare the lunch.

H Vocabulary revision
Increase your word power by making lists of up to 15 words on the following topics. Put them in the special section of your exercise books.
1. Nationalities
2. Capital cities
3. Household chores
4. Shops
5. Parts of the day and days of the week

I Ecrivez quelques phrases
1. Write an advert for a job. Who is offering the job? What hours are to be worked? What is involved in the job? What is the salary? How long is the job for?
2. Apply for the jobs advertised below.

> 2 familles américaines environs New York cherchent pour l'été 2 filles au pair, enfts 9 mois et 5 ans/3 ans. Séjour 6 mois ou plus. Français/anglais demandés. Ecrire Mary Dobbs, 24 Hill Rd, Rye, New York.

> Cherche personne très sérieuse pour s'occuper d'un enfant 4 ans à Paris. Tél. j/sem 633-25-43

3. You have seen a job advertised. Write to ask for more details of what it entails.

J Lettres à écrire
1. Introduce yourself to a prospective temporary or part-time employer. Say how old you are, mention your family, what subjects you like or dislike at school, what you like doing in your spare time. Say if you already have a job—what it is, how long you have been doing it. Say what you hope to do when you leave school.
2. Write to a friend, telling him/her about your new job. How did you find it? When did you start? Say what the boss is like. Describe the place of work. Mention the hours of work and how you travel. Describe some of the people you deal with. What exactly do you do in this job?
3. Imagine that you are working au pair. Write a letter describing the family, their house and how you spend your day.
4. Write a letter recounting the disasters that have occurred while you were working au pair, for example, broken china, sick child, nasty and naughty children, nasty employers, bad accommodation, missed trains, excessive hours and no wages!

11 L'autostoppeur

Cork, lundi 3 août

Chers Papa et Maman,

Je suis déjà arrivé en Irlande mais il fait tellement mauvais que je vais bientôt rentrer. La pluie passe par les trous de la tente et tous mes vêtements sont trempés.

Malgré le mauvais temps, j'ai fait bon voyage. D'abord une famille allemande m'a pris en stop – ils rentraient de leurs vacances en Espagne où ils avaient passé un mois au bord de la mer. Ils avaient une belle voiture qui roulait très vite. Après cela j'ai eu la chance d'être pris en stop dans la cabine d'un grand camion anglais qui rentrait à Birmingham. Le conducteur était très aimable et très bavard. Il m'a parlé de son travail et des gens qu'il a connus. Il m'a déposé dans la banlieue de Londres où j'ai pris le bus pour me rendre dans le centre. J'y ai visité le Palais de Buckingham, puis Trafalgar Square et la Tour de Londres.

Après Londres un vrai businessman, avec son complet gris et son parapluie m'a pris à bord. Il était en route pour Manchester pour affaires et le trajet a été rapide. C'est à Manchester qu'il a commencé à pleuvoir et depuis, je n'ai pas vu un seul bout de ciel bleu.

L'Irlande est très jolie, mais s'il pleut demain je vais rentrer. De toute façon il ne me reste pas beaucoup d'argent !

A bientôt,

André

Cork, mardi 4 août

Chers Papa et Maman,

Juste un petit mot en vitesse pour vous dire qu'il ne pleut plus, qu'il fait du soleil et que l'Irlande est magnifique. J'ai trouvé une famille française qui a promis de me ramener en France samedi.

A samedi, donc,

André

Vocabulaire

tellement	so
le trou	hole
trempé	soaked
malgré	in spite of
d'abord	first of all
prendre en stop	to pick up
rouler	to travel
la chance	good luck
la cabine	cab
le conducteur	driver
bavard	talkative
la banlieue	outskirts
le palais	palace
vêtu de	dressed in
les affaires	business
le trajet	journey
promettre	to promise
ramener	to bring back

B   Look at André's second letter and answer in English
1. How has the weather changed?
2. How does André feel?
3. How will he return home?
4. When?
5. How much time has elapsed between his two letters?

A   Regardez la première lettre et répondez en français
1. Où se trouve André en ce moment?
2. Quel temps y fait-il?
3. Comment est sa tente?
4. De quelle nationalité était la première famille qui l'a pris en stop?
5. Comment était leur voiture?
6. Comment était le routier anglais?
7. Pourquoi André est-il allé à Londres?
8. Comment était le businessman?
9. Quel temps faisait-il à Manchester?
10. Pourquoi André va-t-il rentrer chez lui?

5 Avez-vous fait de l'autostop? Pourquoi/pourquoi pas?
6 Pourquoi les automobilistes s'arrêtent-ils pour des autostoppeurs?
7 Comment est la vie d'un routier?
8 Quand vous faites du tourisme, qu'aimez-vous voir ou visiter?
9 Qu'est-ce que vous avez vu d'intéressant pendant un voyage?
10 Comment préférez-vous voyager? Pourquoi?

C Répondez en français
1 Quelles personnes font de l'autostop?
2 Décrivez des autostoppeurs que vous avez vus.
3 Pourquoi fait-on de l'autostop?
4 Quels en sont les dangers?

Vocabulaire pour l'exercice C	
faire des économies	to save
l'étudiant *m*	student
pauvre	poor
le sac à dos	rucksack
la pancarte	cardboard notice
attaquer	to attack
mal élevé	badly behaved

D Grammar revision

je suis allé à Londres	*I went to London*	pour voir la reine	*to see the queen*
elle est allée en ville	*she went to town*	pour faire des courses	*to do the shopping*
il est parti en voiture	*he left by car*	pour aller à son travail	*to go to work*

NB
a The same person appears in both halves of the sentence. This type of sentence does not work if you want to say for example 'I went to stay with my sister so that she could see my new baby'.
b The verb immediately after *pour* is always in the infinitive (*-er,-ir,-re*).

Ecrivez en français
1 I bought a tent so that I could go camping.
2 He caught a bus to go to London.
3 She bought a big car so that she could travel fast.
4 He got out of the car to catch a bus.
5 I went hitch-hiking to save money.
6 He went to Paris to see the Eiffel Tower.
7 I went to Rouen to see my brother.
8 They listened to the radio to hear the news.
9 We spend our holidays by the sea-side to get a tan.
10 I go to Montélimar to eat nougat.

E Vocabulary revision
Increase your word power by making lists of up to 15 words on the following topics. Put them in the special section of your exercise books.
1 Adjectives to describe pleasant characteristics in people
2 Weather
3 Means of transport

49

Match the letters with the parts of the car given below.

le capot
la portière avant
le pare-choc
le clignotant
le coffre
l'aile avant
le pneu avant
la roue arrière
le volant
le phare

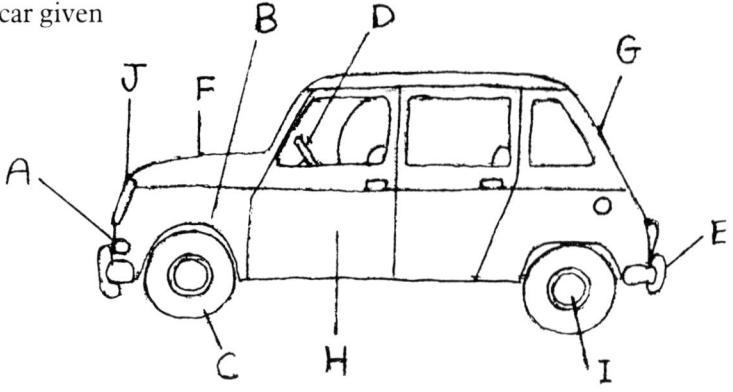

F Ecrivez quelques phrases
1 Describe an English family who gave you a lift – describe the people and the car.
2 Say what the weather was like on a holiday and what effect this had.
3 Describe a visit to a town (preferably a town you know a bit about).
4 Describe an imaginary eccentric who gave you a lift.
5 Say which country you would like to visit and why.

G Lettres à écrire
1 This is where all goes well and everybody is charming and cooperative. You are hitching your way round England. Write a letter to a French friend saying which towns you have visited. What did you see in each? Describe the various lifts you got. Who picked you up? What were the people like? What did you learn about the people? Say the weather is good, that you are enjoying yourself and that you will be home next week.
2 You are hitching in France. This where the disasters occur. Say that the weather is awful and that you have lost some of your belongings – give details. Explain why you have caught a cold. What problems have cropped up? Say to which towns you wanted to go and why this was not possible. Describe who gave you lifts and what they told you. Roadside cafés – invent a horror story about bad food and service. Describe an accident.
3 Write a letter from an anxious French parent to hitch-hiking sons or daughters, poste restante, at a town they are due to visit. This letter will be full of direct questions.
Say you haven't had a letter from them. Ask what the weather is like. Ask if they are all right. Hope that they haven't had an accident. Ask about lifts. Ask what the drivers were like. Ask if they have spent all their money. Ask if they have had proper meals. Ask about campsites/hotels. Ask about the people they met. Tell them to phone you when they get your letter.

Vocabulaire pour les exercices F et G	
avoir la gentillesse de faire	to be kind enough to do something
en visitant Paris, j'ai vu . . .	while visiting Paris, I saw . . .
en rendant visite à mes amis	while visiting my friends
bizarre	odd
j'ai réussi à trouver	I managed to find
s'enrhumer	to catch a cold
dépenser	to spend
je suppose que	I suppose
avez-vous trouvé?	did you find?
as-tu trouvé?	did you find?
j'espère que tu as trouvé	I hope you found
comment était le/la . . .?	What was the . . . like?

12 Le campeur

Mirabeau, le 15 août

Chers Papa et Maman,

Heureusement que nous avons réservé notre emplacement au camping 'Les Mimosas', car il n'y a absolument plus de place et le gardien a déjà mis le panneau 'Complet'.

Nous nous amusons bien ici – il y a une salle de jeux avec des flippers, un ping-pong, un babyfoot, des cartes et des livres. L'autre soir, il a plu à verse pendant trois heures et nous avons joué aux cartes avec les autres campeurs.

Pendant les premiers jours nous sommes restés au bord de la piscine du camping, mais depuis trois jours nous faisons des randonnées près de la rivière ou dans les collines. Le paysage est très beau et nous avons vu de nombreux oiseaux d'espèces différentes – des grives, des merles, des mésanges et même un martin-pêcheur. Lundi, nous sommes allés à la pêche mais je n'ai rien attrapé – comme d'habitude!

Au début, nous avons préparé les repas nous-mêmes mais Robert n'est pas très doué pour la cuisine. Une fois, il a renversé la soupe dans le feu et depuis ce jour-là nous allons au snack près du camping où on sert de bons repas. Comme cela, nous n'avons pas de vaisselle à faire non plus!

Malheureusement, nos vacances seront bientôt terminées, mais nous serons contents de vous revoir.
Bons baisers,

Christiane et Robert

> Digne, le 17 août
>
> Chers Robert et Christiane
>
> Nous avons été très contents de recevoir votre lettre et d'apprendre que vos vacances au camping se passent bien.
>
> Et voici une surprise pour vous. Nous ne travaillons pas vendredi et nous allons passer le weekend dans un petit hôtel près du camping. Nous viendrons vous chercher samedi à midi.
>
> A bientôt,
>
> Maman et Papa

Vocabulaire

l'emplacement *m*	place
la place	room
le panneau	notice
le flipper	pin board
le babyfoot	miniature football
pleuvoir à verse	to rain very heavily
faire des randonnées	to go hiking
le paysage	countryside
la grive	thrush
le merle	blackbird
la mésange	tit
le martin-pêcheur	kingfisher
doué	clever, gifted
renverser	to knock over

A Regardez la première lettre et répondez en français
1. Comment s'appelle le camping?
2. Comment savez-vous qu'il y a beaucoup de monde?
3. Quelles distractions y a-t-il?
4. A-t-il fait beau pendant tout leur séjour?
5. Comment ont-ils passé leurs premiers jours?
6. Où ont-ils fait des excursions?
7. Qu'y ont-ils vu?
8. Où sont-ils allés lundi?
9. Qu'est-ce que Robert a fait?
10. Où vont-ils pour leurs repas?

B Look at the second letter and answer the questions in English
1. Why were the parents glad to get their children's letter?
2. Why are they writing back?
3. When have the parents got a day off?
4. Where will they spend the weekend?
5. What will they do on Saturday?

C Réponds en français
1. Comment passe-t-on le temps dans un camping s'il fait mauvais?
2. Quels amusements existent en ville?
3. Comment passes-tu ton temps libre?
4. Quels passe-temps as-tu?
5. Que font tes amis pendant leurs heures de loisirs?

D Grammar revision
Pendant and depuis with the meaning 'for'

Depuis is used when you are referring to some event which started in the past and which is still happening, e.g. Je suis en France depuis 9 mois – I have been in France for 9 months (I am still there and will probably remain there). Even though the event started in the past, you must still use the Present Tense.

Pendant is used to indicate
a) a completed action or event in the past, e.g. Je suis resté à Paris pendant 3 mois – I stayed in Paris for 3 months (then I went somewhere else)
b) an event in the future where the beginning and end are implied, e.g. Je resterai à Paris pendant 6 mois – I shall stay in Paris for 6 months (then I will go away)

je suis en France depuis 9 mois	*I have been in France for 9 months*
il est à Paris depuis 3 semaines	*he has been in Paris for 3 weeks*
nous apprenons le français depuis 5 ans	*we have been learning French for 5 years*

je suis resté pendant 3 mois	*I stayed for 3 months*
je resterai pendant 6 mois	*I will stay for 6 months*
j'ai attendu pendant une demi-heure	*I waited for half an hour*

Ecrivez en français
1 I have been here for 20 minutes.
2 I waited for 40 minutes.
3 He has been in Germany for 7 years.
4 They have been working for 5 years.
5 I will watch TV for 4 hours per day.
6 He used to play his records for 6 hours a day.
7 She has been living in York for 2 years.
8 You will stay in Devon for a week.
9 I worked for 2 days.
10 We will be in France for a day.

E Vocabulary revision
Increase your word power by making lists of up to 15 words on the following topics. Put them in the special section of your exercise books.
1 Campsite amenities
2 Birds
3 Games

F Write briefly on the following topics
1 Describe a campsite you have seen.
2 Describe what you saw during a walk in the countryside, for example, birds, animals, trees, weather, people.
3 Describe how you prepared a meal while camping.

G Lettres à écrire
1 Write a letter from your holiday campsite. Describe the journey, the arrival, the settling in to your space, the view, the nearness to the campsite amenities. Give details of the site and say what facilities there are.
2 Write a letter describing the people you have met at your campsite and how you have spent your time in fine weather or foul. Say what indoor and outdoor activities there are and how you intend to spend the rest of your time there.

13 Bon anniversaire

Nancy, le 9 novembre

Cher Maurice,

Je te souhaite un très heureux anniversaire et je t'envoie cette cassette. J'espère que tu ne l'as pas déjà et qu'elle te fera plaisir.

Amitiés,

Evelyne

Nancy, le 13 novembre

Chère Evelyne,

J'ai été très content de recevoir ta carte et la cassette. Que tu es gentille d'avoir pensé à m'envoyer cette cassette-là, qui est formidable, car j'allais l'acheter avec l'argent que j'ai reçu pour mon anniversaire. Maintenant je pourrai m'en acheter une autre. J'adore la musique western. Tu devrais venir chez moi un soir pour écouter mes disques et cassettes.

Nous nous sommes très bien amusés le jour de mon anniversaire. Pendant la journée, mes copains et moi avons fait une longue promenade à la campagne, au bord de la rivière. A midi nous avons pique-niqué dans un champ où il y avait beaucoup de moutons. Un de ces moutons était très curieux — il s'est approché de nous et il a volé un sandwich !

Après notre promenade, nous sommes allés dans une petite auberge pittoresque pas loin de chez nous où l'atmosphère est très agréable. On y écoute de la musique, on peut même danser et on y mange très bien. Leur spécialité est le faux-filet à l'ivrogne — quel joli nom pour du bœuf avec une sauce au vin !

A bientôt,

Maurice

Vocabulaire pour la première lettre

souhaiter	to wish
l'anniversaire *m*	birthday
envoyer	to send
déjà	already
faire plaisir	to please

Vocabulaire pour la deuxième lettre

gentille	kind
penser	to think
en effet	indeed, in fact
la musique western	country and western
tu devrais	you must
le disque	record
au bord de	by the edge of
la journée	day
le copain	friend
loin de	far from
agréable	pleasant
l'auberge *f*	inn
pittoresque	picturesque
l'ivrogne *m*	drunkard

A Regardez les deux lettres et répondez en français

1. Pourquoi est-ce un jour spécial pour Maurice?
2. Quel cadeau a-t-il reçu?
3. Qu'est-ce qu'il allait acheter?
4. Que va-t-il acheter maintenant?
5. Quelle musique aime-t-il?
6. Où est-il allé le jour de son anniversaire?
7. Avec qui?
8. Où ont-ils pique-niqué?
9. Où ont-ils mangé le soir?
10. Décrivez l'endroit.

B Look at the letters and answer in English

1. What two things did Evelyne send?
2. What is Maurice going to do with his birthday money?
3. What invitation does Maurice give?
4. What outing took place on Maurice's birthday?
5. How did he spend the evening?

C Réponds en français
1. Quel âge as-tu?
2. Quel âge a ton frère, ta sœur?
3. Quelle est la date de ton anniversaire?
4. Quelle est la date de l'anniversaire de ton frère, de ta sœur?
5. A qui donnes-tu des cadeaux?
6. Quels cadeaux as-tu donnés aux membres de ta famille?
7. Quels cadeaux as-tu reçus?
8. Combien coûtent les disques, les livres, les chocolats et les autres cadeaux?
9. Où es-tu allé le jour de ton anniversaire?
10. Comment as-tu fêté ton anniversaire?

Vocabulaire pour l'exercice C	
l'endroit *m*	place
le cadeau	present
fêter	to celebrate

D Grammar revision

je devrais	*I ought*	arriver	*to arrive*	à midi	*at midday*
tu devrais	*you ought*	partir	*to leave*	à 9 heures	*at 9 o'clock*
il devrait	*he ought*	venir	*to come*	à 6 heures	*at 6 o'clock*
		aller	*to go*	me voir	*to see me*
				chez moi	*to my house*
				en ville	*to town*
				au cinéma	*to the cinema*
				au collège	*to college*

Ecrivez en français
1. I ought to leave at 11 o'clock.
2. He ought to go to France.
3. You should read a good book.
4. You should listen to country and western music.
5. I ought to go home now.
6. I ought to get up.
7. He should do his homework.
8. You should hear this record.
9. She ought to eat less.
10. You ought to play football.

E Vocabulary revision
Increase your word power by making lists of up to 15 words on the following topics. Put them in the special section of your exercise books.
1. Farm animals
2. Names of dishes on a menu
3. Places where you can eat
4. Presents

In the following sentences, the presents have been sent to the wrong people. Re-write the sentences correctly.
1. J'ai envoyé une poupée à ma grande sœur.
2. J'ai envoyé une pipe à ma petite sœur.
3. J'ai envoyé un disque à mon grand-père.
4. J'ai envoyé un transistor à ma grand-mère.
5. J'ai envoyé une voiture miniature à Papa.
6. J'ai envoyé une paire de chaussettes à Maman.
7. J'ai envoyé du rouge aux lèvres à mon ami.
8. J'ai envoyé un ballon de rugby à mon amie.
9. J'ai envoyé une cravate à ma tante.
10. J'ai envoyé une jupe à mon oncle.

F Ecrivez quelques phrases

In the following exercises, you can get several ideas from the letters at the beginning of the chapter but try to imagine other things. They needn't be events from your own life – imagine what someone else might have seen or done and give as much detail as you can. To start with, be content with very basic statements – you can enlarge on them later.

1. Wish someone a happy birthday. Mention what present you are sending. Say you hope he/she will like it.
2. Say thank you for the present. Say you are delighted with it. Say why.
3. Say what presents you received for your birthday. Say who sent what. Say what you will buy with the money you received.
4. Say you went for a walk and with whom. Say what you saw. Describe the evening's entertainment.

G Lettres à écrire

In these letters, you may find it convenient to tell a few white lies. Let your imagination run riot. If you only received a small box of chocolates, make it into an enormous one for the purpose of the letter. Truth, in this instance, is less important than good French!

1. Send a short letter to a friend for his/her 15th birthday, enclosing a present.
2. Send a thank you letter mentioning the present. Say who else sent you presents and what they were. Describe the arrival of the postman and the opening of the parcels. What presents did you receive from your school-friends when you reached school?
3. Invite a friend to come and celebrate your birthday. Say that your parents have given you some money. Suggest how you and your friends might spend it to celebrate, for example, disco, pictures, records, outing? Who are you going to invite? Why are you not going to invite certain other people?
4. Thank a friend for a super birthday celebration. Say that you enjoyed yourself, mentioning the things that were particularly good, for example, company, entertainment, food, records. Invite them to come to your party in a month's time, sketching out what you intend to do.

Vocabulaire pour les exercices F et G	
au début	at the beginning
pendant la soirée	during the evening
en arrivant au collège	on arriving at school
j'ai ouvert	I opened
le facteur	postman
le paquet, le colis	parcel
on pourrait aller	we could go
car	because
j'ai apprécié	I liked, enjoyed (something)
désagréable	unpleasant
magnifique	super
formidable	fabulous
offrir	to give a present
il m'a offert	he gave me
la surprise partie	party
la vedette	film star
si on allait	what about going

14 A l'hôpital

> Limoges, le 30 octobre
>
> Cher Pierre,
>
> J'ai été désolé d'apprendre que tu es à la clinique. Ton frère m'a dit que tu roulais à bicyclette au milieu de la route lorsqu'un camion t'a renversé. Tu aurais dû faire attention! Il m'a dit aussi que tu n'étais pas sérieusement blessé et que tu dois bientôt rentrer à la maison.
>
> Il faut dire que tu as bien choisi le moment d'être absent du collège! Cette semaine nous avons eu une composition d'histoire, de géographie et d'anglais. J'ai eu quatre sur vingt en géographie et mon père était furieux. Il m'a privé de mon argent de poche, ce qui veut dire que je ne pourrai pas acheter le disque que je voulais.
>
> Je serai très content de t'avoir à côté de moi en classe pour me souffler les bonnes réponses!
>
> Ton copain,
>
> Matthieu

Vocabulaire pour la première lettre

la clinique	hospital
rouler à bicyclette	to ride one's bike
au milieu de	in the middle of
le camion	lorry
renverser	to knock over
blessé	injured
il faut dire	it must be said
la semaine	week
la composition	test
priver de	to cut off, deprive
ce qui veut dire	which means
souffler	to whisper
la réponse	answer

A Regardez la lettre de Matthieu et répondez en français

1. Où est Pierre?
2. Etait-il à cheval quand il a eu son accident?
3. Qui l'a renversé, selon son frère?
4. Est-il sérieusement blessé?
5. Va-t-il rester longtemps à la clinique?
6. Qu'est-ce que ses copains ont fait au collège?
7. Est-ce que Matthieu a réussi ses compositions?
8. Qu'est-ce que son père a fait?
9. Qu'est-ce que Matthieu ne pourra pas faire?
10. Pourquoi sera-t-il content quand Pierre sera de nouveau en classe?

Vocabulaire pour l'exercice A

réussir	to pass, to succeed
de nouveau	once again

Limoges, le 4 novembre

Cher Matthieu,

Merci bien de ton petit mot. Mon cher frère est un menteur ! Je roulais très sagement près du trottoir quand un petit garçon qui se battait avec son copain a couru vers moi. Comme j'essayais de l'éviter, une voiture qui me dépassait m'a renversé. Maintenant ça va un peu mieux, j'ai la jambe dans le plâtre. Je m'amuse avec les autres malades de la clinique, et les infirmières sont très gentilles. J'ai déjà reçu cinq boîtes de chocolats, trois volumes de bandes dessinées, trois paquets de petits gâteaux et plusieurs cartes. J'ai eu beaucoup de visites, mais j'attends avec impatience le moment de rentrer chez moi. Même l'idée de retourner au collège n'est pas trop désagréable !

A bientôt,

Pierre

Vocabulaire pour la deuxième lettre	
le mot	note
le menteur	liar
sagement	carefully
le trottoir	pavement
se battre	to fight
éviter	to avoid
dépasser	to overtake
aller mieux	to feel better
les bandes dessinées	cartoons
plusieurs	several
trop	too
l'idée *f*	idea

B Regardez la deuxième lettre et répondez en français

1. Où roulait Pierre quand l'accident s'est produit?
2. Qui l'a renversé?
3. Est-ce qu'il s'est cassé le cou?
4. Qu'a-t-il reçu après l'accident?
5. Comment s'amuse-t-il?

Vocabulaire pour l'exercice B	
se produire	to happen

C Compare the story of the accident in the two letters.

1. Where was Pierre? (two answers)
2. Whose fault was the accident? (two answers)
3. What does Pierre say about his brother?
4. What advice did Matthieu give Pierre?
5. Why will Matthieu be glad to see Pierre?
6. What has Pierre missed?
7. How is he spending his time?
8. What does not seem a bad idea?

D Répondez en français
1. Qui travaille à la clinique?
2. Avez-vous jamais été hospitalisé? Pourquoi?
3. Comment arrive-t-on à la clinique?
4. Qu'y mange-t-on?
5. Qu'y a-t-il de désagréable et d'agréable à la clinique?
6. Quelles sont les personnes qui risquent d'avoir un accident?
7. Quels accidents peuvent se produire à la maison ou au collège?
8. Qu'est-ce que les visiteurs apportent aux malades?

Vocabulaire pour l'exercice D

l'infirmier m	male nurse
l'infirmière f	female nurse
l'ambulance f	ambulance
l'ambulancier m	ambulance man
trébucher	to trip
le chirurgien	surgeon
le médecin	doctor
l'opération f	operation
se faire opérer	to have an operation
l'appendicite f	appendicitis
tôt, de bonne heure	early
le fil électrique	electric flex
faire des bêtises	to fool around
risquer de	to be in danger of

E Grammar revision
Indirect speech

Il a dit que/qu'	je	roulais	mieux
J'ai dit que/qu'	tu	roulait	blessé
Tu as dit que/qu'	il	serait	sans faire attention
	elle	mangeait	malade
		allait	sagement
		allais	bien
			mal

Make up sentences
The above sentences are nonsense if you read them as they stand but you should be able to make at least ten sensible ones by paying careful attention to meaning and verb endings.

Change the following sentences into indirect speech.
Start each sentence with "*Il a dit que . . .*
1. Je vais mieux.
2. Elle roule bien.
3. Il sera là.
4. Tu es blessée.
5. Elle est à la clinique.
6. Je vais travailler.
7. Il achètera une moto.
8. Elle arrivera à 7 heures.
9. Tu es malade.
10. Je suis blessé.

F Vocabulary revision

Increase your word power by making lists of up to 15 words on the following topics. Put them in the special section of your exercise books.
1 Words connected with roads
2 Illnesses
3 Phrases indicating place

The person who labelled the illustration on the right will never win 'Mastermind'!
Match the letters with the parts of the body given below.

le cou
les cheveux
l'épaule *f*
le poignet
la poitrine
la cuisse
le front
l'orteil *m*
la cheville
l'œil *m*

G Ecrivez quelques phrases
1 Describe how an accident happened.
2 Say how one spends one's time in hospital.
3 Describe the differences between home and hospital life.
4 Describe a visit to a friend in hospital.

H Lettres à écrire
1 Write a letter to a friend who is in hospital.
   a Say that a friend has told you he/she is in hospital.
   b Give details of what the friend said, for example, fell off his bike, slid on the ice, fell in a football match, fell down the stairs, was knocked over.
   c Say what the result of the accident was, for example, broken arm, leg, etc.
   d Say what you have been doing since the accident, for example, at school, home, at the weekend, visits, shopping.
   e Say why you will be glad to see him/her back.

2 You are a patient who has received the above letter.
   a Say thank you for the letter and the present.
   b Explain what actually happened to you and what damage was done.
   c Say what other letters and presents you have received.
   d Say what you like and dislike about hospital. Describe your day.
   e Say why you will be glad to be home.

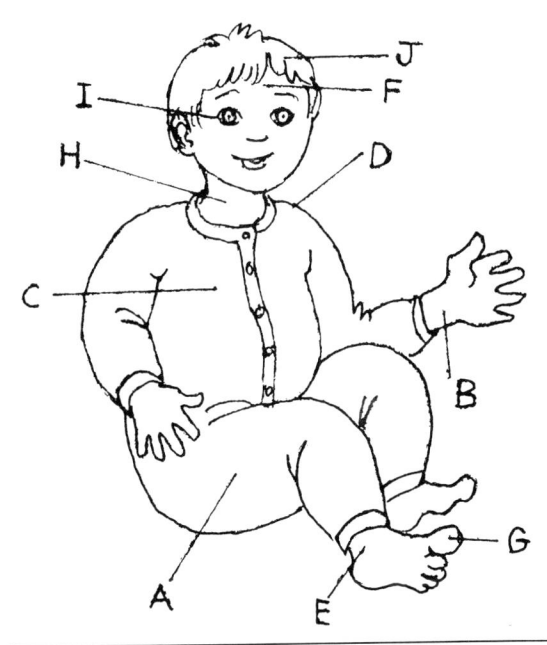

Vocabulaire pour les exercices G et H	
déraper	to skid
en me levant, je . . .	when I get up, I . . .
je passe mon temps à lire	I spend my time reading
depuis l'accident	since the accident
pendant mon absence	while I have been away
tomber de	to fall off
glisser	to slip
la glace	ice
l'escalier *m*	staircase
la marche	step
la cheville	ankle
le poignet	wrist
remercier	to thank

15 Félicitations

Dijon, le 20 juillet

Cher Jean,

    Je viens de voir ta mère et je suis très content d'apprendre que tu as si bien réussi à tes examens. Je t'envie car moi, je n'ai pas beaucoup de diplômes.

    A propos, quels sont tes projets maintenant pour l'avenir? Veux-tu continuer tes études? Vas-tu chercher un poste ou quoi?

    Je te félicite encore de ta réussite,

Ton Oncle Jean-Marc

Beaune, le 25 juillet

Cher Tonton

    Merci de ta gentille lettre reçue la semaine dernière. Moi aussi, je suis très content d'avoir réussi à tous mes examens! Je n'ai pas beaucoup travaillé cette année et j'ai eu la chance de tomber sur des questions faciles.
    Maintenant j'ai terminé mes études secondaires et je veux aller à la Faculté pour préparer une licence, mais avant, je veux faire des voyages à l'étranger. Des amis canadiens m'ont déjà invité à passer un mois chez eux à Vancouver. Après cela, je reviendrai en passant par les Etats-Unis où je pourrai peut-être trouver du travail.
    Je t'écrirai quand je serai à New York.
    Je t'embrasse,

Jean

New York, le 27 septembre

Cher Oncle Jean-Marc,

Me voici à New York! Comme prévu, j'ai passé un mois à Vancouver — c'était magnifique et j'aurais voulu rester plus longtemps. J'ai visité la ville qui est située au bord de la mer, et je suis allé en téléphérique au sommet d'une montagne d'où on a une vue superbe — on voit la mer, la ville, les bateaux, les ponts et un grand parc. Pendant mon séjour, nous avons fait une excursion en bateau pour visiter les îles — il faisait très beau et nous avons photographié les arbres, les îles et les mouettes qui suivaient le bateau. Une autre fois, nous avons fait une excursion en voiture de trois jours — nous avons vu toutes sortes d'animaux, les montagnes couvertes de neige éternelle, et des chutes d'eau magnifiques.

Après mon départ, j'ai trouvé du travail — j'ai travaillé dans un ranch, puis dans une ferme et dernièrement dans un restaurant où j'ai fait la plonge. Ayant gagné assez d'argent pour mon billet de retour, je rentre samedi prochain.

A bientôt,

Jean

Vocabulaire pour la première lettre	
réussir à un examen	to pass an exam
envier	to envy
le diplôme	diploma, certificate
à propos	by the way
le projet	plan
l'avenir *m*	future
féliciter	to congratulate
la réussite	success

Vocabulaire pour la deuxième lettre	
avoir de la chance	to be lucky
facile	easy
terminer	to finish
la licence	degree
à l'étranger	abroad

Vocabulaire pour la troisième lettre	
comme prévu	as planned
le téléphérique	cable car
l'île *f*	island
la mouette	seagull
la chute d'eau	waterfall
faire la plonge	to do the washing up
gagner de l'argent	to earn money

A Look at the first two letters and answer in English

1 Why is Jean's uncle pleased?
2 Why does he envy Jean?
3 What does he ask Jean?
4 To what does Jean attribute his success?
5 How does he intend to spend his time before going to university?

B Regarde la troisième lettre. Mets-toi à la place de Jean et réponds en français
1. Où te trouves-tu actuellement?
2. Combien de semaines as-tu passé à Vancouver?
3. Où se trouve cette ville?
4. D'où as-tu eu une vue superbe?
5. Comment y es-tu arrivé?
6. Qu'as-tu vu en route pour les îles?
7. Qu'as-tu vu pendant ton excursion en voiture?
8. Où as-tu travaillé?
9. Comment vas-tu dépenser l'argent que tu as gagné?
10. Quand reviens-tu?

C Répondez en français
1. Quels examens passez-vous cette année?
2. Avez-vous déjà passé des examens ou des tests?
3. Aimez-vous les examens? Pourquoi/pourquoi pas?
4. Quel système pourrait remplacer les examens?
5. Décrivez les conditions idéales pour les examens. Comment sont-elles dans votre collège?
6. Si vous aviez assez d'argent, quels pays visiteriez-vous?
7. Quelles villes aimeriez-vous visiter?
8. Comment y passeriez-vous votre temps?
9. Est-ce que c'est une bonne idée de travailler avant d'aller à la Faculté?
10. Quel travail peut-on trouver à l'étranger pour gagner de l'argent?

Vocabulaire pour l'exercice C

passer son temps	to spend one's time
échouer à un examen	to fail an exam
rater un examen	to fail an exam
utile	useful
aéré	airy
calme	quiet
déranger	to disturb
réfléchir	to think
étudier	to study
tricher	to cheat
rendre visite à	to visit someone
visiter	to visit somewhere
perdre son temps	to waste one's time

D Grammar revision

je veux	*I want*	voyager
je voudrais	*I should like*	acheter
j'aurais voulu	{*I should have liked* / *I should like to have*}	passer des examens
		vous voir
		leur rendre visite

NB
Je veux and *je voudrais* are more or less interchangeable. *Je veux* is a bit more insistent and *je voudrais* is rather more polite.

Ecrivez en français
1. 'I want to see you,' said the teacher.
2. I should like to travel.
3. I should like to have seen them.
4. I should like to buy a motorbike.
5. I want to go to France.
6. I should have liked to buy some books.

7 I should like to have bought some records.
8 I should like to pass my French exam.
9 I want to go home.
10 What do you want to do?

E Vocabulary revision
Increase your word power by making lists of up to 15 words on the following topics. Put them in the special section of your exercise books.
1 Types of school/college
2 Words connected with mountains
3 Words 'stolen' from English by the French

F Ecrivez quelques phrases
1 Describe your working routine. How many hours of lessons do you have per day? How many hours homework should you do? How many hours homework do you do? How much work do you do at the weekend? Where do you work? What are the conditions of work like?
2 Write the part of a letter of application for a job where you state what exams you have already taken and which you are to take shortly. Say which subjects you prefer and explain why.
3 Write a sarcastic letter to a lazy friend who has just passed all his exams. Say how surprised you are and give reasons, for example, he had done no work, you had worked hard and yet had failed, he was not as clever as you. Suggest reasons for his success, for example, he cheated, he copied your answers, he bribed the examiner, he knew the questions in advance, his father is the friend of the examiner, he was lucky.

G Lettres à écrire
1 Write a letter to an elderly relation telling him or her of your fantastic success in recent exams. Say that you are very pleased with yourself because you have passed . . . Say which subjects you failed. Say whether you worked or not. Which exams were easy or difficult? Say that you want to go to Spain or France to work for three months before looking for a job in Britain. Say what sort of work you would like to do.
2 Describe a visit you made to a town or region. How did you spend your time? What did you see? What did you do? How did you travel? What trips did you do? Where did you stay? Say why you enjoyed yourself.
3 Imagine that you are 18 or 19 and just about to start a job or further education. Say how you spent the time after your exams. Let your imagination run riot – money is no object!

16 Je n'ai plus d'argent

> Bonn, le 20 août
>
> Chers Papa et Maman,
>
> Je suis bien arrivé en Allemagne où je m'amuse très bien. Nous avons assisté à de nombreux concerts, il y a des discos chaque soir, et nous sommes allés plusieurs fois au cinéma. Comme Hans, mon correspondant, adore les trains nous avons fait beaucoup de voyages en train, et comme son frère cadet est un fanatique de football, nous avons assisté à des matchs. Malheureusement, ces activités coûtent très cher et je n'ai presque plus d'argent. Pourriez-vous m'en envoyer? Un mandat de 500 francs suffira car la semaine prochaine nous avons envie de faire un tour dans un grand marché — il paraît qu'on y fait des affaires sensationnelles, et j'ai envie d'acheter des souvenirs. Je vais vous acheter un petit cadeau aussi. Et puis, juste avant mon départ, nous irons au centre hippique où je vais faire de l'équitation. Evidemment, il faut payer les cours.
>
> J'attends votre réponse (et surtout le mandat pour mes frais supplémentaires) avec impatience.
> Votre fils,
> Vincent

Vocabulaire pour la première lettre

assister à	to go to
le fanatique	fan
suffire	to be enough
avoir envie de	to want to
faire des affaires	to get a bargain
les affaires	belongings
le cadeau	present
le centre hippique	riding school
faire de l'équitation	to go riding
payer les cours	to pay for lessons
le mandat	postal order
les frais	expenses

A Regardez la première lettre et répondez en français
1. Où est Vincent?
2. Comment s'appelle son correspondant?
3. Pourquoi sont-ils allés aux matchs de football?
4. Où sont-ils allés le soir?
5. Pourquoi ont-ils fait des voyages en train?
6. Pourquoi Vincent veut-il de l'argent?
7. Que veut-il acheter au marché?
8. Que vont-ils faire au centre hippique?
9. Est-ce que les cours sont gratuits?
10. Qu'est-ce que Vincent va bientôt recevoir?

Nantes, le 24 août

Cher Vincent,

        Nous étions très contents de recevoir ta lettre et d'apprendre que tout va bien. Il est évident que tu t'amuses bien mais nous trouvons que tu exagères un peu! Nous t'avons donné beaucoup d'argent pour ton séjour et tu aurais dû être plus économe. Par exemple, as-tu vraiment besoin d'acheter des souvenirs? Tu as déjà tant d'affaires! Nous voulons bien t'envoyer des sous pour les cours d'équitation mais pas pour les choses inutiles. Nous te joignons donc un mandat de 200 frs. Si cela ne suffit pas pour tes autres dépenses, tant pis! En tout cas, tu devras nous rembourser cet argent quand tu seras de retour. Par exemple, tu pourras laver la voiture, tondre le gazon, faire des courses, ranger les affaires dans le garage, arracher les mauvaises herbes des plates-bandes et planter les pommes de terre. Comme cela, tu auras gagné ton argent et tu n'auras pas le temps de faire d'autres dépenses, mon pauvre.

        Amuse-toi bien pendant le reste de ton séjour,

        Grosses bises,

Papa et Maman

Vocabulaire pour la deuxième lettre

tout va bien	all is well
évident	obvious
exagérer un peu	to go a bit far
économe	thrifty
par exemple	for example
déjà	already
tant de	so much, so many
inutile	useless
la dépense	expenses, purchases
tant pis	tough luck, too bad
rembourser	to repay
tondre le gazon	to mow the lawn
arracher	to pull up
les mauvaises herbes	weeds
la plate-bande	flower bed
gagner	to earn

B Look at the second letter and work out the questions which Vincent might have asked

The following sentences are his parents' answers
1 Non, nous ne pouvons pas t'envoyer 500 Frs.
2 Tu devras travailler au jardin.
3 Non, tu ne peux pas acheter les souvenirs.
4 Non, l'argent est pour les cours.
5 Oui, il faudra nous rembourser.

C Répondez en français
1 Recevez-vous l'argent de poche chaque semaine?
2 Qu'est-ce que vous achetez avec cet argent?
3 Qui vous donne de l'argent et quand?
4 Que faites-vous pour gagner un peu d'argent supplémentaire?
5 Que faites-vous à la maison pour aider vos parents?

Vocabulaire pour l'exercice C			
les vêtements	clothes	repasser	to do the ironing
la livre	pound	préparer	to prepare
la revue	magazine	peindre	to paint
la cigarette	cigarette	la peinture	paint, painting
le billet	ticket	le papier peint	wallpaper
bricoler	to do odd jobs	jardiner	to garden
		cultiver	to grow

D Grammar revision

Expressions of quantity

plusieurs	several	—	fois	times
beaucoup	many		temps	time
plus	more	de	argent	money
tant	so many	d'	personnes	people
peu	few		livres	books
pas	no		voitures	cars
bien	many	des	voyages	journeys

Ecris en français
1 several people
2 more time
3 little effort
4 no cigarettes
5 a lot of money
6 several times
7 so many records
8 no more homework
9 many motorbikes
10 few pencils

E Vocabulary revision

Increase your word power by making lists of up to 15 words on the following topics. Put them in the special section of your exercise books.
1 Hobbies
2 Sports
3 Expressions of quantity

F Ecrivez quelques phrases
1 Describe a week painting the town red, for example, visits to concerts, discos, restaurants.
2 Describe a visit to a big market. What was for sale, what were the vendors like? What did you buy or not buy? For whom?
3 Describe a football match, for example, the journey to and from the ground, the crowd, the players, the action, the score.

G Lettres à écrire
1 Write home pleading for more money. Say what you need it for and why you have already spent the money you had. Say what you have done and bought. Offer to repay the money when you return.
2 Write to a friend who is away on holiday. Ask what he/she has done to amuse him/herself. Complain that you are bored and overworked. Explain what you have had to do. Exaggerate your misery and his/her good fortune.
3 Write home describing your stay with a foreign penfriend. Say something about the person, his/her family and home. Say how you have spent the time. Say what presents you have bought and for whom.

17 Complaints, losses, bookings and postcards

i Complaints

Vence, le 26 mai

Monsieur,

Je viens de rentrer de mon séjour de deux semaines en Grèce. A la suite de ce séjour, je voudrais vous faire les réflexions suivantes.

1. Il n'y avait pas de représentant de votre organisation à l'aéroport.
2. Il a fallu attendre deux heures et demie dans le car avant de partir pour l'hôtel.
3. Nous avons réservé une chambre à deux lits avec salle de bain. En arrivant, nous avons trouvé une chambre à un grand lit sans bain.
4. La description de l'hôtel dans la brochure nous a fait croire qu'il y aurait des distractions chaque soir. Le samedi, il y avait une disco mais c'était tout.
5. Selon la brochure, l'hôtel était à deux minutes de la mer – à pied ou en voiture?
6. La plage, loin d'être en sable doré, était couverte d'algues et de pétrole.
7. Les excursions étaient mal organisées et à plusieurs reprises elles ont été annulées sans explication.
8. Le jour du départ il a fallu partir à 10 heures du matin pour prendre l'avion à 20 heures – encore des heures passées sur les bancs durs de l'aéroport.

A cause de tout ceci, je trouve que vous devriez nous rembourser une partie de la somme que nous avons versée avant de partir.

Je vous prie de recevoir, Monsieur, l'expression de mes salutations distinguées,

R. Quentin

R. Quentin

```
                                        Marseille, le 29 mai

Monsieur,

            Nous sommes désolés d'apprendre que vos
vacances en Grèce ne vous ont pas plu.

            En effet, notre représentant était malade à
ce moment-là et c'est à cause de cela que vous avez eu des problèmes
avec le car, la chambre, les excursions et votre départ.  Nous nous
en excusons et vous prions d'accepter le chèque de 150 francs joint à
cette lettre.

            En espérant pouvoir vous être utile, nous
vous prions, Monsieur, de recevoir l'expression de nos sentiments les
meilleurs,


                                        R. Guillot

                                        R. Guillot
```

Vocabulaire pour la première lettre

faire des réflexions	to make comments
suivant	following
le représentant	representative
faire croire	to have someone believe
selon	according to
le sable	sand
doré	golden
les algues *f*	seaweed
le pétrole	crude oil
à plusieurs reprises	often
annuler	to cancel
l'explication *f*	explanation
le banc	bench
rembourser	to reimburse
verser	to pay

Vocabulaire pour la deuxième lettre

plaire	to please
à cause de	because of
s'excuser	to apologise
espérer	to hope

A Regardez les lettres et répondez en français

1 Où les Quentin ont-ils passé leurs vacances?
2 Combien de temps y sont-ils restés?
3 Qui aurait dû être à l'aéroport?
4 Combien de temps sont-ils restés dans le car avant leur départ?
5 Comment était leur chambre?
6 Comment était la plage?
7 Que demande Monsieur Quentin?
8 Comment étaient les excursions?
9 Où était le représentant?
10 Quel était le montant du chèque?

B Make a list in English of complaints made by Monsieur Quentin

C Ecrivez quelques phrases

1. Write a letter to a hotel complaining that the brochure was deceptive. Quote what they claimed and say what you actually found.
2. Write to a tour operator complaining that the representative was inefficient. Say what went wrong and how he dealt inadequately with the problems.
3. Write a letter of excuse from a hotel, explaining why there were problems and offering to reimburse the complainant.

ii Losses

```
                                        Metz, le 11 septembre

Monsieur,

            En rentrant chez moi après une semaine dans
votre hôtel, je me suis rendu compte que je n'avais plus ma montre.
C'est une montre en argent massif avec un bracelet en cuir noir. Elle
est assez grande car le cadran marque les heures, les minutes, les
secondes, les jours de la semaine et la date. Une alarme sonne chaque
heure et le réveil est programmé pour 7 heures. Je crois que je l'ai
laissée sur la table de chevet de la chambre 13. Puisque c'est une
montre de valeur et surtout parce que c'est ma femme qui me l'a offerte,
je donnerai une bonne récompense si vous pouviez me l'expédier
d'urgence.

            Je vous prie de croire, Monsieur, à
l'expression de mes meilleurs sentiments,


                              Serge Blanchard


                              Serge Blanchard
```

Vocabulaire pour la première lettre

se rendre compte	to realize
en argent massif	solid silver
le bracelet	watch strap
le cuir	leather
le cadran	watch or clock face
le réveil	alarm
de valeur	expensive
offrir	to give as a present
la récompense	reward
expédier	to send
d'urgence	as a matter of urgency

```
                                                    La Rochelle, le 14 septembre

Monsieur,

                    Nous accusons réception de votre lettre du
11 septembre.  Nous sommes désolés d'apprendre que vous avez perdu
votre montre.  Nous avons cherché partout dans la chambre 13, dans la
salle à manger et dans l'entrée mais malgré tous nos efforts, nous
regrettons de vous informer qu'elle n'a pas été trouvée.  La femme de
ménage et les personnes qui occupent actuellement la chambre nous
assurent qu'ils ne l'ont pas vue.

                    C'est avec le regret de ne pas avoir pu vous
être utile que nous vous prions, Monsieur, d'agréer l'expression de nos
sentiments distingués,

                                                    P. Pommier

                                        P. Pommier
```

Vocabulaire pour la deuxième lettre	
partout	everywhere
l'entrée *f*	entrance hall
malgré	in spite of
la femme de ménage	chambermaid
actuellement	at the moment

A Regardez les lettres et répondez en français

1 Combien de temps Monsieur Blanchard a-t-il passé à hôtel?
2 Qu'y a-t-il perdu?
3 Comment était le bracelet?
4 Que marquait la montre?
5 Comment savez-vous que ce n'était pas une montre bon marché?
6 Où l'a-t-il laissée?
7 Qui l'a donnée à Monsieur Blanchard?
8 Dans quelle chambre était-il logé?
9 Où ont-ils cherché la montre?
10 Qui l'a trouvée?

B Describe in English Monsieur Blanchard's watch

C Ecrivez quelques phrases

1 Write to the manager of a hotel saying that you think you have left your coat behind. Describe it in detail and say where you could have left it.
2 Write to the manager of a sports centre explaining that you have left your sports bag behind after a match. Say where it was, what it was like and what it contained.
3 Write to a client who has reported a loss, saying what efforts you have made to recover the lost property.

Vocabulaire pour l'exercice C	
le directeur	manager
le stade	sports centre
le match	match

iii Bookings

Chambéry, le 10 juin

Monsieur,

Voulez-vous me retenir 4 places à l'orchestre pour la représentation du "Malade Imaginaire" en matinée le samedi 26 juin au théâtre municipal. Je voudrais aussi 2 places de face en 3e galerie en soirée pour le spectacle rock du 29 juin.

Je joins un chèque de 250 francs.

Veuillez agréer, Monsieur, l'expression de mes meilleurs sentiments,

Denise Mounier

Denise Mounier

Paris, le 21 mai

Monsieur,

Mon frère et moi voulons faire le voyage de Paris à Chamonix. Pourriez-vous nous indiquer l'horaire, s'il vous plaît. Il nous faut un train qui arrive avant 9 h du soir. Est-ce qu'il faut changer? Y a-t-il un wagon restaurant? Mon frère a 13 ans et moi j'ai 17 ans. Quel est le tarif de seconde classe aller et retour pour ce voyage?

Veuillez agréer, Monsieur, l'expression de mes sentiments distingués,

Anne-Marie Ledésert

Chambéry, le 13 juin

Madame,

    Veuillez trouver ci-joints les billets demandés dans votre lettre du 10.

    Je vous prie, Madame, de croire à l'expression de mes sentiments distingués,

J. Béringer

J. Béringer

Vocabulaire	
retenir une place	to book a seat
à l'orchestre	in the stalls
la représentation	performance
de face	central
en 3ᵉ galerie	in the gods
le montant	sum

A Ecrivez quelques phrases

1. Write briefly to a sports centre manager booking five cheap seats for a boxing match (la boxe). Give the date and time of the performance you want.
2. Write to a theatre manager asking for four seats in the stalls for the matinée performance of a play.
3. Book seats in the balcony for a concert. Say how many seats you want and specify the row (le rang) you would prefer.

Vocabulaire pour l'exercice A	
pas cher	cheap
pas trop cher	not too expensive

B Lettres à écrire

1. Write a letter asking for details of times and prices for a boat trip between Roscoff and Portsmouth.
2. Write to an airline booking two 1st class seats from Paris to Nice on Wednesday, 3rd June. Ask for tickets for the 09.30 or 11.30 flight.

iv Postcards

Below are some of the abbreviated forms of writing which you might find or use on post cards when the maximum amount of information is put in the minimum amount of space.

Sommes arrivées Alpes. Fait froid. Neige belle. Piste magnifique. Hôtel mal chauffé. Mauvaise cuisine. Village charmant. Moniteurs formidables. Restaurants folkloriques. Vues superbes. Jambe cassée !
Amitiés, Ruth et Andrée

Suis arrivé bord de mer. Fait très beau. Beaucoup de monde. Mer très belle. Fais voile, pêche. Nage, suis bronzé. M'amuse le soir. Discos formidables. Bon camping. Plus d'argent. Reviens samedi. Bises, Michel

Aimons bien camping. Bon emplacement. Voisins gentils. Grande piscine. Nombreuses distractions. Belles promenades. Beau temps. Bon snack-bar. Vous attendons dimanche. Grosses bises, Pierrot et Annie

Suis arrivée Paris. Fait assez beau. Ai visité Louvre, Tour Eiffel, Quartier Latin, Arc de Triomphe, Notre-Dame. Ai mal aux pieds. Hôtel bien mais cher. Vais concert demain, cinéma mardi. Rentre samedi. Amitiés, Marceline.

A Re-write the postcards in their fuller form

18 Formal letters and announcements

Letters of congratulation or regret are usually fairly formal and therefore brief, following a standard pattern. Announcements which appear in the paper are even more formal and to the point.

i Announcement of birth

This type of card is readily available in a stationers. It is filled in and sent to friends and members of the family.

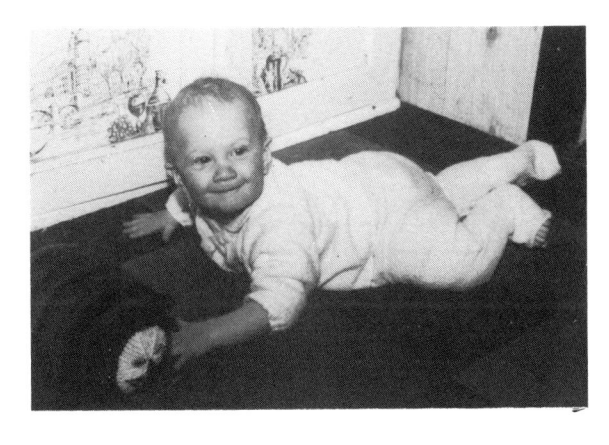

> Fabrice
> vous fait part
> de la joie de ses parents
> à l'occasion de sa naissance
> le 12 mars, 1983

ii Formal reply to announcement of birth

> Najac, le 10 janvier
>
> Chers Nicole et Georges,
>
> Nous sommes ravis d'apprendre la naissance de votre fils. Nous vous félicitons, et lui souhaitons tout le bonheur possible.
>
> Amitiés,
>
> Corinne et Stéphane

iii Engagement announcement – standard formula

>
> Monsieur et Madame Jean Morny
>
> Monsieur et Madame Pierre Perroux
>
> ont l'honneur de vous faire part des
> fiançailles de leurs enfants
>
> Mireille et Bernard
>
> le 6 juin
>
> 9, rue du Moulin   13, avenue du Pont
> Uzès   Arles

iv Chatty reply to engagement announcement

> Valence, le 10 juin
>
> Chère Mireille,
>
> Je suis ravie d'apprendre que tu es maintenant fiancée. Tu connais Bernard depuis si longtemps (je me demandais s'il arriverait un jour à te poser la question) et il est si gentil que je suis sûre que vous formerez le couple idéal. Je vous souhaite tout le bonheur possible.
> Je vous embrasse tous les deux,
>
> Toinette

v Wedding announcement

This form of wedding announcement is called a faire-part and is not an invitation to the wedding.

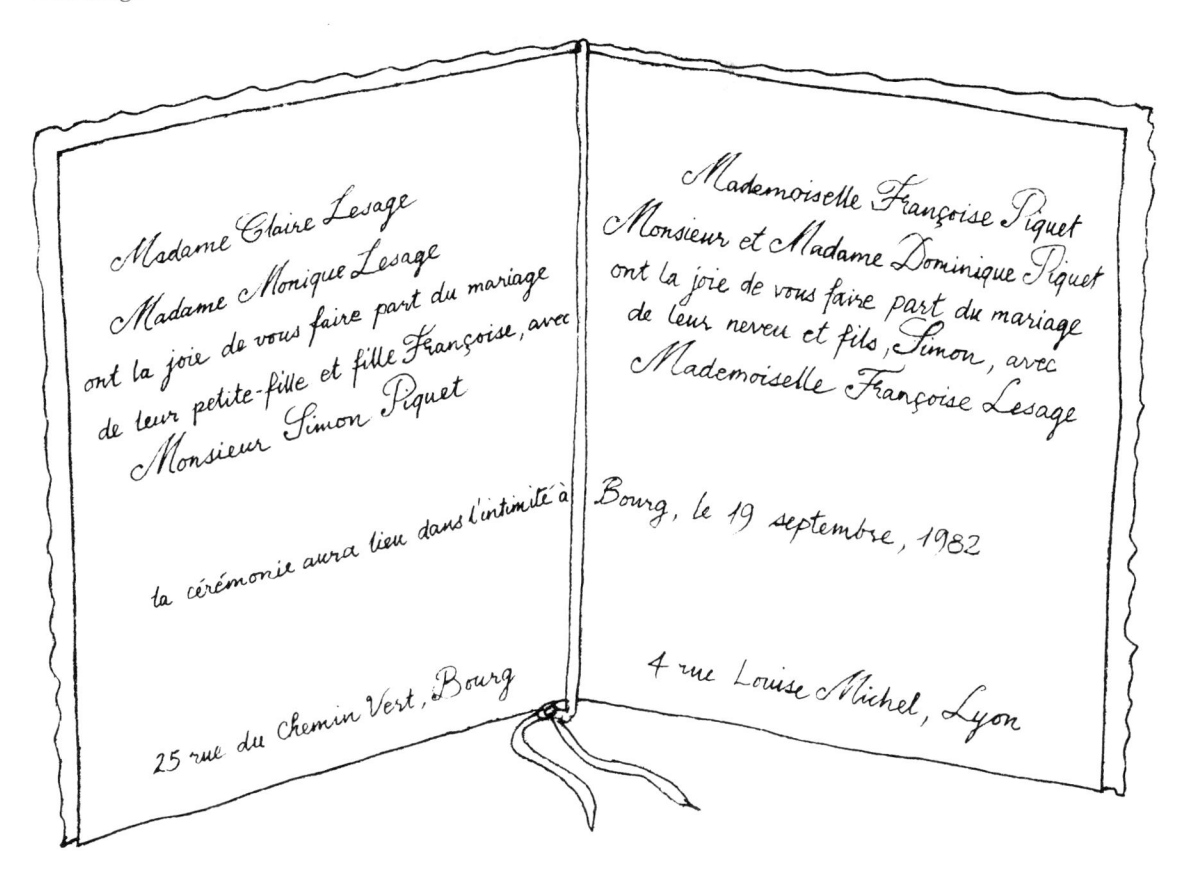

Madame Claire Lesage
Madame Monique Lesage
ont la joie de vous faire part du mariage
de leur petite-fille et fille Françoise, avec
Monsieur Simon Piquet

la cérémonie aura lieu dans l'intimité à

25 rue du Chemin Vert, Bourg

Mademoiselle Françoise Piquet
Monsieur et Madame Dominique Piquet
ont la joie de vous faire part du mariage
de leur neveu et fils, Simon, avec
Mademoiselle Françoise Lesage

Bourg, le 19 septembre, 1982

4 rue Louise Michel, Lyon

vi Formal acknowledgement of wedding announcement

Lyon, le 25 août

Cher Claude,

J'ai été très heureux de recevoir votre faire-part. Je vous adresse toutes mes félicitations et tous mes voeux de bonheur.

Jean-Pierre

vii Wedding invitation

Madame Claire Lesage

Monsieur et Madame Piquet

seraient heureux de vous recevoir
à partir de 17 heures

R.S.V.P.   10, rue St. André
avant le 2 septembre   La Rochelle

viii   Announcement of death

Announcements of deaths are often complicated, including all the members of the family. The first announcement would have appeared in the paper before the funeral and the second a few days after the funeral.

Madame Jean HAMON
Monsieur et Madame Philippe LOUVET et
    leurs enfants
Monsieur et Madame Nicolas PREVOST
Mademoiselle Annick LOUVET
parents et alliés
ont la grande douleur de vous faire part du
    décès de leur très cher et regretté
Monsieur René LOUVET
leur père, grand-père, oncle et ami
survenu le 13 mai, 1982
à l'âge de 88 ans
Les obsèques auront lieu dans l'intimité en
    l'église St. Germain le 17 mai
Ni fleurs ni couronnes
20, avenue Victor Hugo, Nancy

Madame Jean HAMON
Monsieur et Madame Philippe LOUVET et
    leurs enfants
Monsieur et Madame Nicolas PREVOST
Mademoiselle Annick LOUVET, infiniment
    touchés par les marques de sympathie
reçues pour la perte de leur très cher
Monsieur René LOUVET
et dans l'impossibilité d'y répondre
    individuellement, remercient tous ceux
    qui
se sont associés à leur deuil.

ix   Message of condolence

This could have been sent by friends of the Hamon family.

Nancy, le 18 mai.

Cher Philippe,

Nous avons été navrés d'apprendre la mort de ton père la semaine dernière. C'était un homme si doux et si aimable qui était fort respecté par sa famille et ses amis.

Reçois nos condoléances les plus sincères,

Patrick et Odile